ÉTUDE

<small>SUR</small>

BROUSSAIS

<small>ET</small>

SUR SON ŒUVRE

OUVRAGES DU MÊME AUTEUR.

Sur la nature et le siège de la fièvre dite essentielle inflammatoire, thèse du doctorat, Paris, 1822.

Des sympathies considérées dans les différents appareils d'organes, 1825.

Manuel de l'allaitement, 1843.

Mémoire sur l'emploi de l'Airelle-Myrtille dans la diarrhée, 1843.

Notice historique et pratique sur le Choléra-Morbus, 1849.

De l'action physiologique de la Coca, et de son emploi en thérapeutique, 1863.

La Clef de la science de l'homme, 1865.

Nouvelle note sur l'emploi de la Coca, et notamment dans le traitement du Choléra, 1866.

POISSY. — TYP. ARBIEU, LEJAY ET Cie.

ÉTUDE

SUR

BROUSSAIS

ET

SUR SON ŒUVRE

PAR

PAUL REIS

DOCTEUR EN MÉDECINE DE LA FACULTÉ DE PARIS,

CHEVALIER DE LA LÉGION D'HONNEUR,

DE L'ORDRE DE CHARLES III D'ESPAGNE, ETC.

> Rien d'exclusif que le précepte de
> respecter les viscères irrités.
> Voilà notre devise.
> BROUSSAIS, *Annales*

PARIS

P. ASSELIN, SUCCESSEUR DE BÉCHET JEUNE ET LABÉ,

LIBRAIRE DE LA FACULTÉ DE MÉDECINE

Place de l'École-de-Médecine

—

1869

BROUSSAIS

SA VIE ET SES OUVRAGES

L'ère de la postérité s'est ouverte pour Broussais ; trente ans écoulés depuis sa mort ont assurément refroidi l'enthousiasme des rares disciples qui lui survivent, et cicatrisé les blessures faites par ce fougueux athlète à l'amour-propre de quelques-uns de ses contemporains ; une génération entière s'est éteinte et, parmi les médecins actuels, la plupart ne connaissent de lui que son nom et les réactions passionnées qu'il souleva contre sa doctrine.

Le moment est donc favorable à l'étude impartiale des travaux qu'il a laissés, à l'appréciation des idées nouvelles, des progrès réels dont il a doté la science, et, par un juste retour de l'opinion qui nous semble se manifester, à la revendication, en faveur de sa gloire, des vérités utiles, des innovations heureuses qu'il a si

profondément introduites dans le fonds commun de nos
connaissances, qu'on ignore généralement aujourd'hui
qu'il en fut l'initiateur.

Ce qui nous encourage encore, c'est que nous croyons
la génération médicale actuelle moins que sa devancière
dédaigneuse des méthodes scientifiques, et conséquemment mieux disposée à pardonner à Broussais son esprit
systématique et généralisateur. Beaucoup de bons esprits inclinent vers les idées synthétiques, prêts à se
rallier à des dogmes, à des principes communs formant
corps de doctrine, et propres à ramener la pratique
de l'art à cette conformité de vues qui commande la
considération et repousse le scepticisme. Tel fut l'état
de la médecine pendant le règne de l'école physiologique. Mais, conformément à la loi d'alternance qu'on
observe dans l'histoire de la science, l'esprit d'analyse
prévalut après un certain temps sur l'esprit de synthèse,
la foi commune se refroidit, l'enthousiasme fit place au
doute; on abandonna le drapeau; chacun s'isola dans
ses propres idées, s'inspirant uniquement de son expérience et de son tact personnels.

C'est qu'en effet l'esprit humain marche incessamment à la recherche de vérités nouvelles; s'il regarde
quelquefois en arrière, c'est pour mieux constater le
chemin qu'il a fait; s'il se plaît à changer de route, c'est
parce qu'il en est plus d'une qui conduit au but; enfin
s'il s'égare parfois, il rentre promptement dans la voie
du progrès, dès qu'il rencontre un homme d'élite assez

puissant pour le diriger, assez clairvoyant pour reconnaître les points lumineux qui brillent à l'horizon. Or, ce rôle glorieux que Broussais dut précisément à l'art avec lequel il sut résumer en une théorie séduisante les principes généraux de la science, n'est-il pas temps qu'un nouveau réformateur s'en empare et que, à l'exemple de nos grands maîtres, il replace l'art de guérir sur des bases véritablement scientifiques? Alors peut-être on verrait l'enseignement officiel recouvrer son éclat, les connaissances manifestées dans les concours reprendre leur niveau, les travaux individuels épars sans ordre et sans liens se compléter les uns par les autres; alors enfin l'empirisme, et qui pis est le scepticisme, qui depuis la décadence de la doctrine physiologique ont envahi notre profession, s'effaceraient devant une thérapeutique assurée, unanime et sachant mettre à profit les progrès incessants de la science du diagnostic. Mais hélas ! le nombre des hommes propres à l'analyse et à l'observation des faits surpasse de beaucoup celui des intelligences capables de saisir un ensemble scientifique, et de se livrer aux rapprochements, aux comparaisons, aux déductions qui le créent et le fortifient.

« Point de système préconçu, disait Broussais, point de serment *in verba magistri*. Je n'ai jamais eu d'idées *a priori*, et même je n'y crois pas. Je ne conclus jamais que forcé par une masse de faits, et suis très-réfractaire à ce qu'on appelle la crédulité. Ce n'est qu'à coups de faits mille fois redoublés que j'ai été conduit à prendre pour boussole, en médecine, pratique l'irritabilité de nos organes et leurs rapports avec les agents externes. » La théorie en effet ne fut pour lui que le couronnement de l'édifice, le lien spéculatif de son immense et longue observation. Il est prodigieux qu'un médecin chargé du service d'un grand hôpital, service dont il s'acquittait avec autant de bonheur que de zèle, en ville appelé près d'un grand nombre de malades, ait trouvé le temps d'écrire tant d'ouvrages avidement recherchés par ses contemporains, et de se livrer en outre au professorat avec une régularité sans égale.

C'est qu'en lui se trouvaient réunies la ténacité du Breton, l'ardeur du novateur et la foi de l'apôtre. Le succès, les satisfactions de l'amour-propre soutenaient à la fois et son courage dans la lutte, et les forces physiques dont il était heureusement pourvu, et sa robuste, son infatigable intelligence. Aussi parvint-il, sans faiblir devant les obstacles, à la conquête d'une réputation colossale. La révolution qu'il opéra trouva des adeptes jusqu'en Amérique; mais c'est surtout parmi les populations de race latine, en France, en Italie, en Espagne, que ses préceptes furent chaleureusement accueillis. On les exagéra même souvent dans l'application; la diète à outrance, l'usage immodéré des sangsues, l'abandon presque complet des médicaments actifs, s'introduisirent dans la pratique des disciples trop ardents, de ceux surtout qui ne connaissaient du maître que ses écrits; tandis que d'autres plus timides

ou plus prudents, paralysés par la crainte de l'irritation, mais ne redoutant pas moins l'effusion du sang,
réduisaient leur thérapeutique à l'expectation, se bornant à suivre la marche des maladies en simples
spectateurs, et confiant à la nature presque tout le soin
de la guérison.

Après avoir régné, malgré toutes les oppositions, pendant environ quinze ans, la médecine physiologique
discréditée par son exagération plus apparente encore
que réelle, dépouillée du prestige des idées saines qu'elle
avait introduites dans le domaine public, mais qui ne
semblaient plus lui appartenir tant elles étaient simples
et naturelles; battue en brèche par le contre-stimulisme
importé d'Italie, par la méthode substitutive alors for-
mulée dogmatiquement, et par le besoin bien naturel au
médecin d'une intervention plus active et plus efficace,
la médecine physiologique céda le terrain à l'éclectisme
représenté par le sage Chomel et par l'éminent professeur Andral, à l'organicisme et à l'organopathie, doctrines jumelles honorablement professées par Rostan et
par Piorry, mais incontestablement issues de la locali-
sation des maladies; à la méthode expérimentale pa-
tronnée par Trousseau, et malheureusement aussi à la
vogue des panacées évacuantes, telles que la médecine
de Leroy, l'élixir anti-glaireux de Guillié et ces innom-
brables spécifiques qui firent la fortune de leurs inven-
teurs

La réaction fut si complète qu'il devînt de bon goût

parmi ceux qui n'avaient pas pris la peine d'étudier la réforme dans les œuvres mêmes du réformateur, de dénigrer ses travaux et son génie alors que l'idole était renversée. Comment croire cependant que l'homme qui sut conquérir et conserver longtemps une adhésion presque universelle n'ait rien produit d'utile à la science, à l'art médical, à notre difficile profession? Pour moi qui sais, parce que j'en fus témoin, quels progrès il opéra, quelles lumières il répandit sur la pathologie avant lui si ténébreuse, il me paraît fort intéressant de jeter un coup d'œil rétrospectif sur des ouvrages qui, loin d'avoir perdu leur valeur, sont et resteront toujours des modèles de critique médicale et d'observation clinique. Dans cette conviction, regrettant d'ailleurs que de plus autorisés que moi n'aient pas encore entrepris de réhabiliter la mémoire de notre ancien maître, j'ai cru qu'il appartenait à quelqu'un de ceux qui servirent sous ses ordres au temps de sa splendeur, d'exposer sa doctrine et de rappeler ses titres scientifiques aux nouvelles générations qui n'ont pu ni l'entendre dans ses cours, ni le suivre dans sa clinique, ni même étudier ses écrits trop délaissés.

François-Joseph-Victor Broussais naquit à Saint-Malo en 1772. Élève de Bichat et de Pinel en qui, dans maintes circonstances, il se plut à reconnaître les initiateurs qui le mirent sur la voie de la pathologie positive, il entra de bonne heure dans les hôpitaux militaires où, frappé

du grand nombre d'hommes que dévoraient prématuré-
ment les fièvres lentes, les consomptions dont la nature
et la cause étaient alors ignorées, il recueillit les observations cliniques et anatomo-pathologiques propres à
l'éclairer sur ce fléau qui frappe plus particulièrement
les armées. C'est avec ces éléments précieux déjà qu'il
composa sa thèse inaugurale intitulée: *Recherches sur la
fièvre hectique*, considérée comme dépendante d'une
lésion d'action des différents systèmes, sans vice organique. Paris, an XI.

Bientôt chargé d'un service médical dont il était le
maître, Broussais put suivre avec persévérance toutes
les maladies de langueur qu'il rencontrait, et s'aperçut
que la très-grande majorité des cas se rattachait à des
inflammations chroniques du poumon et des organes
digestifs, qui n'avaient point été guéries dans leur période d'acuité. Devenu riche de matériaux par lui ras-
semblés à ce point de vue, il profita d'un voyage qu'il
fit à Paris, pour s'édifier sur la valeur de ses observations
près de plusieurs médecins distingués qui lui conseillè-
rent de donner suite à ses idées. C'est alors qu'il composa
le premier, le plus important de ses ouvrages, l'*Histoire
des phlegmasies chroniques*, qui fut présenté par Hallé
comme digne d'un des prix décennaux, et qui fournit la
base de la nouvelle doctrine professée plus tard. Ce
livre eut un succès unanime et fut reproduit avec de no-
tables augmentations dans plusieurs éditions successives.
Deux circonstances ont contribué sans doute à caracté-

riser vivement aux yeux de l'observateur la nature
inflammatoire des maladies dont il était témoin : d'abord
l'âge et la qualité des sujets qu'il avait à traiter, tous
jeunes, bien conformés, tantôt subissant des marches
forcées et de rudes privations, tantôt se livrant à des
excès de toutes sortes lorsqu'ils en trouvaient l'occasion ;
en second lieu, les pays où Broussais séjourna le plus
longtemps, l'Italie et l'Espagne, dont le climat prédis-
pose particulièrement aux inflammations, surtout à
celles des voies digestives.

Constamment occupé de son service aux armées, naturellement enclin à la méditation, esprit tout à la fois
observateur minutieux et généralisateur, aimant pro-
digieusement son art dont jamais il n'eut guère occasion
de se distraire, Broussais avait amassé dans son vaste
cerveau les éléments de la réforme qu'il projetait, lorsque nos revers et la paix le ramenèrent en France en
1814. Il avait, en Italie, acquis la haute estime et l'amitié
du général Foy qui profita du crédit dont il jouit d'abord
près de Louis XVIII, pour faire placer son ancien camarade d'armée au Val-de-Grâce en qualité de médecin
ordinaire, puis comme médecin en chef et premier
professeur, lorsque Desgenettes fut appelé au conseil
supérieur de santé. Le Val-de-Grâce étant un hôpital
d'instruction, les chefs de service devaient à leurs jeunes
subordonnés des cours de médecine et de chirurgie.
Broussais se livra donc au professorat autant par devoir
que par goût, et voilà comment il préluda modestement

à ces leçons qui réunissaient chaque soir douze ou
quinze cents auditeurs, enlevés à la Faculté de médecine
où Pinel, vieux et malade, ne comptait plus que pour mémoire.

Après avoir donné ses soins à la seconde édition de
l'*histoire des phlegmasies*, Broussais lança dès 1816 son
Examen de la doctrine généralement adoptée, qui fit révolution dans l'école, et qui rappela vivement l'attention des médecins sur l'inflammation considérée comme
le phénomène prédominant en pathologie. « Cet ouvrage,
dit l'auteur, avait pour but d'affaiblir la prodigieuse
autorité d'un classique dont le système fermait les yeux
des médecins sur les effets des remèdes non moins que
sur la nature des altérations cadavériques, et de remettre
en discussion plusieurs points de doctrine sur lesquels
on paraissait généralement d'accord. J'espérais que les
controverses qui ne pouvaient manquer de s'élever de
toutes parts feraient un jour triompher la vérité ; et mon
attente n'a point été trompée. Toutefois, cette attaque
donna l'éveil à une foule de passions ; d'abord on se mé-
prit sur le but de mon travail et l'on cria au blasphème,
à l'hérésie, à l'ingratitude. A l'ingratitude ! Comme si le
respect que l'on doit à ses maîtres pouvait être mis en
balance avec les intérêts de la société ! Mais ces intérêts
n'étaient pas encore bien compris ; aussitôt qu'ils le furent, les clameurs diminuèrent et ceux mêmes qui
m'avaient retiré des sentiments de bienveillance dont je
m'honorais et dont la perte me fut très-sensible, me les

rendirent et fermèrent les yeux sur la vivacité de l'agres-
sion en considération du motif qui l'avait déterminée. »

Il ne suffisait pas à l'instinct organisateur de Broussais
de saper les fondements de l'ancienne nosographie. En
élaborant le plan des cours qu'il faisait chaque année
pour les élèves militaires et civils qui les suivaient assi-
dûment, il rangea méthodiquement dans son esprit les
souffrances et les altérations des organes, et déduisant
des faits observés par lui sous un nouveau jour les lois
selon lesquelles se comportent les phénomènes morbides, il émit en 1821 dans une édition nouvelle de l'*Examen*, une doctrine unitaire, simple, facile à saisir, et
qu'il appela physiologique parce qu'il prit pour base
l'observation des organes vivants, dans l'état normal et
dans l'état de maladie. Afin de donner de ses principes
une idée claire, mais précise, et d'en faciliter la comparaison avec les systèmes de ses prédécesseurs, il mit en
regard de la partie critique de cet ouvrage des propositions aphoristiques dans lesquelles sont exposés les
dogmes fondamentaux de sa doctrine. Plus tard, dans
un *Traité de physiologie appliquée à la pathologie*, il entra dans de plus grands développements, en attendant la
publication d'un traité de pathologie que ses occupations
ne lui permirent jamais de rédiger, mais dont il donna
la substance dans un volume intitulé : *Développements
des propositions relatives à la pathologie*, et dans les nombreux articles qu'il inséra de 1822 à 1834 dans les *Annales de la médecine physiologique*. En outre, il résuma

ses principes dans le *Catéchisme* où, sous forme de dialogue, un jeune médecin de la nouvelle école trace le tableau des méthodes régnantes, parmi lesquelles, on le conçoit, la doctrine enseignée par l'auteur n'est pas la plus maltraitée.

En 1828, parut le livre ayant pour titre : *De l'irritation et de la folie*, dont la première partie est consacrée à l'étude physiologico-psychologique des phénomènes instinctifs et intellectuels considérés en eux-mêmes et dans leurs rapports avec le physique de l'homme; tandis que la seconde traite particulièrement de la folie envisagée, ainsi que les facultés intellectuelles, comme le résultat des modifications de l'excitation que subit l'encéphale. Cet ouvrage ouvrit à Broussais les portes de l'Institut, non à l'Académie des sciences où il céda le pas à Dupuytren, mais à l'Académie des sciences morales et politiques rétablie après la révolution de 1830.

Enfin la terrible épidémie de 1832 fournit à Broussais l'occasion de rallier à ses idées le choléra dont il eut à soigner, au Val-de-Grâce, un très-grand nombre de cas ; et quoique en aient dit ses adversaires qui ne craignirent pas de recourir au faux contre lui, sa pratique basée sur la méthode antiphlogistique ne fut certainement pas plus malheureuse que celle des autres hôpitaux.

Considéré comme écrivain, Broussais fut à coup sûr d'une fécondité rare parmi les praticiens. Il avait le travail facile parce que ses idées étaient nettes et bien arrêtées dans son esprit. Son style est clair, pressant, correct sans recherche, un peu négligé quelquefois, ce qui s'explique par la rapidité de sa plume. On trouve dans ses écrits de fréquentes répétitions dont il s'excuse lui-même sur la nécessité de convaincre les indécis, de combattre les objections et d'affirmer sans cesse les vérités que l'ignorance et la mauvaise foi s'obstinaient à méconnaître. Il écrit avec conviction et n'éprouve d'enthousiasme que pour ce qu'il croit être le vrai. Si parfois ses expressions sont vives, elles n'ont jamais rien de personnel; il a toujours dédaigné l'anonyme dont ses contradicteurs ont usé tant de fois contre lui.

Voici d'ailleurs sa profession de foi sur quelques-uns des devoirs de la critique en médecine : « Nous regardons comme indécent et fort immoral le rôle que prennent certains écrivains de montrer du doigt des confrères que, suivant eux, nous aurions voulu signaler dans nos ouvrages. Nous protestons d'avance contre toute application de ce genre; lorsque nous croyons utile et convenable de nommer, nous le faisons sans hésitation et sans crainte; mais nous trouvons fort mauvais que d'autres se donnent la mission de dévoiler les originaux de nos portraits. L'intérêt public exige que l'on respecte les abstractions soumises à la critique et qu'on évite de les réduire en personnages matériels. »

Orateur véhément et passionné, vif dans l'attaque, ardent à défendre ses opinions, peu soucieux des formes parlementaires, mais s'abstenant toujours des personnalités, doué d'une lucidité parfaite dans ses développements, entraînant, persuasif, habile à communiquer à son sympathique auditoire la conviction sincère qui rayonnait sur son visage expressif et fin, Broussais sut inspirer à la jeunesse médicale un enthousiasme qui contrastait avec la froideur ou le silence de l'enseignement officiel. Qui parmi nos contemporains pourrait avoir oublié l'indignation vraie et partagée par tous qu'il témoignait contre ces incendiaires assez hardis pour introduire du quinquina, du camphre, des spiritueux, dans l'intestin criblé d'ulcérations qu'il déployait sous nos yeux?

Nous pouvons cependant affirmer, nous qui fûmes pendant dix-huit mois placé sous ses ordres, que, au lit du malade, il était beaucoup moins exclusif qu'il ne paraissait l'être dans ses leçons et dans ses écrits. Honnête et judicieux praticien, il ne perdait jamais de vue le but de la médecine, la guérison. S'il recherchait si vivement les moyens propres à déterminer les causes, la nature, les symptômes des maladies, ainsi que les désordres qu'elles laissent après elles, ce n'était pas pour la stérile satisfaction d'obtenir un diagnostic irréprochable, et pour s'abandonner fatalement aux efforts de la nature. Dans les cas graves surtout, il s'attachait en vrai croyant aux ressources de l'art quelles qu'elles fussent. De même que Récamier, il luttait toujours avec courage, attaquant avec énergie le mal à son début, le jugulant quelquefois avec bonheur, le poursuivant dans ses diverses complications, mettant jusqu'à la fin en pratique ce vieux principe : *Melius anceps quàm nullum.*

Il n'hésitait nullement à prescrire, même dans la gastrite aiguë ou typhoïde, l'usage de légers aliments, du bouillon, du lait coupé, de l'eau vineuse ; dans les fièvres intermittentes, il administrait comme tout le monde des stimulants diffusibles au moment du frisson, et le quinquina, les toniques pendant l'apyrexie. Il est vrai qu'il en suivait les résultats avec un soin extrême et qu'il savait rétrograder au besoin. En un mot, il était pour le temps à la hauteur de l'immense réputation qui fit de lui le consultant le plus appelé par ses confrères et le professeur le plus suivi. Sa prédilection pour les maladies abdominales lui avait acquis une finesse de tact qu'il se complaisait à cultiver chez ses élèves, et qui lui permettait de préciser les moindres points sensibles ou rénitents. Personnellement je lui dus l'intelligence de la pathologie interne que l'aride nosographie de Pinel ne rendait pas très-attrayante. C'était d'ailleurs un chef bienveillant, un maître affectueux et, malgré sa véhémence bretonne dans la lutte, un confrère honorable et délicat dans la pratique civile.

Au mois de novembre 1829, Broussais accablé de fatigue fut contraint de se mettre au lit. Depuis longtemps il s'était soumis à un régime sévère à cause d'une sensibilité pénible à la région pylorique, qu'une alimentation plus forte augmentait constamment. Il ressentait en outre des battements artériels dans la tête, des sifflements d'oreilles et des vertiges qu'il attribuait au travail de cabinet : il venait d'achever les trois premiers volumes d'une édition nouvelle de l'*Examen* et préparait le quatrième. Comme il avait une fièvre intense, une forte céphalalgie, une plénitude effrayante du pouls, le 28, il se fit tirer du bras en deux fois vingt onces d'un sang très-couenneux. Le 29, les symptômes cérébraux s'étant ranimés, on lui fit encore deux saignées, suivies le soir d'une application de soixante sangsues motivée par de la douleur à la région pyloro-duodénale et par des renvois d'une extrême fétidité.

Ces derniers symptômes s'affaiblirent sous l'influence de la saignée locale, mais l'état de la tête parut encore exiger une cinquième, puis une sixième saignée, celle-ci pratiquée au pied. Il y eut alors un soulagement marqué, mais insuffisant, puisque, du sixième au treizième jour de la maladie, on eut recours à trois applications de trente et de vingt sangsues chacune, aux jugulaires, aux tempes et à l'anus. La tête allait mieux ; cependant la fièvre continuait, les renvois exhalaient une odeur très-sensible aux assistants, et semblaient au malade remuer douloureusement un gros morceau de chair, en traversant l'anneau pylorique où l'on soupçonnait l'existence d'une ulcération. L'estomac ne pouvait recevoir plus d'une cuillerée de boisson sans qu'il survînt des nausées, accompagnées de la sensation d'une pression très-pénible vers l'insertion au sternum des deux dernières côtes droites. Aussi, le dix-huitième jour, appliqua-t-on à l'épigastre des sangsues qui produisirent le meilleur effet : le pouls descendit à 80, les renvois devinrent moins désagréables et moins fréquents, le malaise de l'estomac diminua sensiblement.

Toutefois, l'ingestion d'un liquide quelconque augmentait constamment les douleurs du pylore. Ce n'est que le trente-neuvième jour, après une consultation à laquelle prirent part les docteurs Capuron, Husson, Coutanceau, Treille, Damiron et Boudard, qu'on risqua le bouillon de veau, lequel déplut aussitôt, tandis que le bouillon de bœuf appété par le malade fut bien supporté. L'alimentation ne commença sérieusement que le quarante-deuxième jour, alors que déjà, au fur et à mesure que la sensibilité de l'estomac s'émoussait, les forces musculaires s'étaient graduellement relevées. Tant il est vrai que la faiblesse est aussi bien l'effet des maladies que de la privation des aliments.

Broussais dirigea lui-même avec une parfaite lucidité le traitement de cette affection, qu'il considérait comme une inflammation de la portion pylorique de l'estomac avec ulcération de la muqueuse. On peut juger, par le large emploi qu'il fit sur lui de la méthode antiphlogistique, du degré de conviction qui le guidait au lit des malades. Nous l'avions vu déjà, quelques années auparavant, déployer la même vigueur contre une péritonite aiguë et spontanée qui se présentait chez notre camarade Casimir Broussais pour la quatrième fois, et dont on n'obtint la guérison que par un traitement des plus énergiques.

Aujourd'hui qu'on ne saigne plus du tout, même dans la pneumonie aiguë, on s'étonne d'une telle profusion de sang. Mais qu'on se rappelle que, avant Broussais qui popularisa de préférence l'emploi des sangsues, la saignée générale était d'un usage beaucoup plus fréquent. On la pratiquait non-seulement au pli du bras, mais au pied, à la jugulaire externe, à l'artère temporale superficielle. A l'hôpital militaire de Bayonne, le docteur Ducasse nous donnait à faire chaque matin dix ou douze saignées de pied. Guersant professait qu'il est quelquefois indiqué d'extraire quatre livres et plus de sang dans les vingt-quatre heures. Il rapporte l'exemple d'un homme atteint de cardite, qui perdit en moins de dix minutes quatorze palettes de sang, qui fut de nouveau saigné le soir du même jour et le lendemain matin; aussi fut-il en peu de temps rétabli. Une femme de vingt-trois ans, petite et délicate, en proie à de violentes convulsions vers la fin de sa grossesse, subit en quelques heures des émissions sanguines estimées à plus de cinq livres. Chez une autre, atteinte également de convulsions au moment du travail, on tira cent-vingt onces de sang en moins de cinq ou six heures, et vingt onces le jour d'après; la malade guérit très-bien, sauf une cécité qui dura quinze jours. Enfin, ce très-honorable praticien fit saigner un homme de quatre-vingt-sept ans deux fois le même jour, dans une maladie inflammatoire, avec le plus grand succès.

Frank rapporte avoir avec avantage pratiqué neuf

2

saignées sur un octogénaire atteint d'une pneumonie
fort grave. Nous trouvons dans les annales de la médecine physiologique des observations publiées par le docteur Priou, de Nantes, dont les sujets ont subi, l'un six
saignées de douze onces en trois jours, un autre quatre
saignées et deux applications de sangsues en quatre
heures; un troisième huit saignées et trois applications
de sangsues en quatre jours. Le médecin d'un régiment
anglais en garnison à Gibraltar faisait saigner ses hommes jusqu'à la syncope. Enfin tout le monde sait quels
avantages M. le professeur Bouillaud retire des saignées
faites coup sur coup.

Telle était la thérapeutique à cette époque. Alors aussi
l'expérimentation sur les animaux venait encourager
ces hardiesses. L'infatigable et laborieux docteur Piorry
rendant compte à l'Académie de médecine de ses expériences sur la race canine, rapportait avoir constaté qu'un
chien, quels que soient son âge, son espèce et son sexe,
peut perdre immédiatement une quantité de sang égale
au vingtième du poids total de son corps. « La mort a
lieu, disait-il, si quelques onces de plus sont tirées. Des
saignées égalant le trentième ou le quarantième du poids
total peuvent être répétées un très-grand nombre de
fois, quoique l'animal soit à la diète. On peut extraire
ainsi successivement du dixième au huitième du poids
du corps. Si l'on donne quelques aliments, les saignées
peuvent être portées beaucoup plus loin. Un petit chien
de quatre mois, pesant dix livres, a perdu en moins de

quinze jours deux livres de sang ; il a très-peu mangé et beaucoup bu. L'animal se portait aussi bien après qu'avant l'expérience. Les plaies guérissent très-promptement sur les chiens qui ont supporté d'énormes évacuations sanguines ; la convalescence des pertes de sang est prompte si l'animal mange, lente s'il ne prend pas d'aliments. Le pouls est très-longtemps fréquent. »

Il n'est point possible d'évaluer exactement la quantité de sang en circulation dans le corps humain. Cependant il ressort d'expériences diverses que la masse de ce liquide représente environ la douzième partie du poids de l'individu, soit cinq kilogrammes de sang pour un homme pesant de soixante à soixante-cinq kilogrammes. Si donc il était permis de conclure d'une espèce à l'autre, un homme adulte devrait supporter impunément une perte de sang immédiate de trois kilogrammes. Or, les phlébotomistes les plus hardis n'ont pas, que nous sachions, été jusque-là. Quant à Broussais, il n'avait recours à la saignée générale que dans les circonstances graves et pressantes ; un des motifs de sa préférence pour les sangsues est que, le sang artériel étant beaucoup plus excitant que le veineux, il y avait souvent grand avantage à l'évacuer plutôt que l'autre.

Dans maints passages de ses écrits, on le voit s'élever contre les émissions sanguines trop copieuses et contre la diète excessive. « J'attaque, disait-il, les gastro-entérites et les colites par les sangsues et l'abstinence ; mais je ne pousse jamais l'un et l'autre moyen jusqu'à détruire l'appétit; je me contente de l'émousser lorsqu'il est porté au degré de la boulimie, ce que l'on obtient toujours avec facilité. Alors j'accorde des aliments légers et de l'eau vineuse aux repas. Au reste, quelque abondantes qu'aient été les pertes de sang dans les maladies aiguës, la convalescence marche aussi vite que possible toutes les fois que tous les points d'inflammation des principaux viscères ont été complétement détruits. D'ailleurs les sangsues ne sont que le remède d'un moment des maladies; et si les médecins physiologistes ne savaient faire autre chose que de les prescrire, ils n'auraient pas mérité de fixer l'attention du monde savant. Lorsqu'une maladie n'a pu céder à ce premier moyen, il s'agit de tirer bon parti des moyens de révulsion, et de choisir dans le régime et dans la matière médicale les modificateurs les plus avantageux au malade. »

L'énorme consommation de sangsues qui se faisait dans les hôpitaux peut s'expliquer en partie par la négligence avec laquelle on les employait. Au Val-de-Grâce je ne crois pas les avoir jamais vu compter; le médecin prescrivait vingt, quarante sangsues, nous en placions une poignée plus ou moins forte sur une compresse que nous renversions sur l'abdomen ou que nous appliquions sur l'anus, sans nous préoccuper de la malpropreté du malade; nous relevions l'alèze préparée par l'infirmier, et nul ne savait combien de ces annélides avaient piqué, combien s'étaient abstenus. On conçoit

qu'une pareille manière de procéder réduisait considé-
rablement le résultat réel de ces applications. En ville
aussi l'emploi des sangsues était devenu vraiment abusif;
nombre de gens en faisaient usage sans consulter le médecin, tant la doctrine de l'irritation avait pénétré dans
les masses. Les étangs en France étant épuisés, on mit à
contribution la Bohême, la Hongrie, toutes les eaux de
l'Europe; l'importation qui était, en 1824, de trois cent
mille, s'éleva, en 1827, à trente-trois millions, pour re-
tomber à vingt-cinq millions en 1828. De leur côté les
Anglais, profitant de la vogue de cet agent thérapeutique
rare dans leurs pays, l'allaient chercher en Belgique, en
Hollande, en Allemagne, pour le transporter aux Indes
et en Amérique où le prix d'une sangsue monta jusqu'à
trois francs et même à une guinée. Aussi les journaux
de médecine de ce temps contiennent-ils l'annonce de
divers procédés pour la conservation et la reproduction
de cet animal précieux, ainsi que de scarificateurs destinés à le remplacer efficacement.

Tandis que le puissant génie de Broussais, aidé peut-
être par la tendance des esprits vers la réforme en tout
genre, métamorphosait la médecine en tant que science
non moins que comme art de guérir; tandis qu'il en-
traînait dans son orbite lumineuse les jeunes gens que
le livre stérile et froid de Pinel ne pouvait satisfaire, la
chaire de pathologie interne à la Faculté restait inoc-
cupée et, sauf la clinique instituée par Corvisart à la
Charité, continuée alors par Fouquier, puis par Chomel,

les élèves ne trouvaient nulle part ni la direction, ni les éléments d'instruction qu'ils ne pouvaient même aller puiser dans les salles de l'hôpital militaire fermées au public. Trois cours cependant faisaient salle comble dans l'amphithéâtre de l'école : un cours d'anatomie fait par Béclard, celui d'hygiène par Alibert et celui de médecine légale par Orfila. C'est que ces trois professeurs, quoique n'émanant point du concours, étaient parfaitement à la hauteur de leur position, et qu'ils consacraient tout leur savoir, tous leurs soins à l'enseignement qui leur était confié. Leurs collègues, ou se lassaient de parler devant des banquettes vides, ou ne se sentaient pas de force à lutter contre l'athlète de la rue des Grès. La Faculté, malgré l'incontestable mérite de chacun de ses membres pris à part, languissait dans l'apathie et dans l'anarchie scientifiques. Peut-être aussi entrait-il dans les vues du ministre de l'instruction publique, monseigneur d'Hermopolis, de la laisser ainsi perdre son éclat.

En effet, alors comme aujourd'hui, quelques-uns de nos professeurs, libres penseurs et libres parleurs, étaient accusés par les ultra-catholiques de tendances matérialistes. Aussi le parti dominant ne manqua-t-il pas l'occasion de renouveler le personnel de l'école, dès qu'il en trouva le prétexte dans les troubles suscités par la nomination d'un docteur Bertin à la chaire de pathologie interne. Ce respectable vieillard, dont le seul titre était d'avoir publié jadis un traité des maladies du cœur qui n'avait pas vieilli moins que l'auteur, nous apparut un jour poudré à blanc, vêtu d'une culotte courte et d'un habit de forme antique. Hilarité générale, renouvelée à chaque leçon du bonhomme Bertin, malgré les sages remontrances du doyen, le docteur Leroux. De là, dissolution, puis réorganisation de la Faculté de médecine, et remplacement des Pinel, des Chaussier, des de Jussieu, des Dubois, des Desgenettes, des Deyeux, des Lallemant, des Pelletan, des Vauquelin, par MM. Clarion, Guilbert, Fizeau, Cayol, Bougon, Deneux et autres personnages non moins illustres.

On conçoit que le coup d'État du 23 novembre 1822 mi-politique, mi-religieux, n'était pas de nature à ramener à la Faculté la jeunesse en tout temps libérale et sceptique. Une pareille composition de l'école officielle ne constituait pas non plus un faisceau de lumières capable de faire pâlir l'éclat dont brillait l'école du Val-de-Grâce. Les efforts dirigés contre la nouvelle doctrine par les nouveaux venus et leurs adeptes restèrent impuissants ; et lorsque, en 1830, un coup d'État en sens inverse eut rétabli les hommes et les choses dans leur état antérieur, Broussais se trouva tout naturellement appelé à remplir la chaire de pathologie et de thérapeutique générales. Cette justice rendue un peu tardivement au médecin le plus célèbre à cette époque n'ajouta rien à sa gloire ; sa doctrine avait pénétré partout ; son enseignement ne pouvait plus désormais que reproduire des idées devenues vulgaires à force d'avoir été répétées. Aussi la foule d'auditeurs qui se pressait autour de lui dans ses beaux jours ne le suivit pas à la Faculté. D'autre part, son entrée au Conseil supérieur de santé mit fin à la clinique du Val-de-Grâce, de sorte qu'il vit décroître son importance précisément en touchant à son apogée. C'est qu'il avait alors donné tout ce qu'il était capable de produire ; c'est que les génies les plus favorisés ne peuvent dépasser certaines limites, au delà desquelles de nouveaux progrès exigent pour s'inaugurer des intelligences nouvelles.

Après avoir épuisé la lutte sur le terrain de la médecine, Broussais qui conservait encore trop d'activité d'esprit pour se complaire dans le repos remit à l'étude les questions de physiologie intellectuelle soulevées après Cabanis par Gall et par Spurzheim. Adversaire prononcé des doctrines psychologiques et spiritualistes pures, il proclama hautement qu'il n'est point de forces sans matière, point de matière sans forces, et que celles-ci étant insaisissables, intangibles, impuissantes à se manifester autrement que par leurs effets, c'est à la matière qu'il faut s'adresser. « Les mots de facultés, de forces, disait-il, ne sont employés que comme une étiquette apposée à une série de faits semblables. L'agent d'une action, le cerveau par exemple, ne saurait par métonymie devenir l'instrument passif de sa propre action. » Ailleurs il définissait le fanatisme : « L'abus par excellence des facultés intellectuelles ; le plus redoutable des fléaux de l'espèce humaine ; la passion qui venge en quelque.

sorte les animaux de tous les avantages que notre espèce a sur la leur. » Aussi passa-t-il aux yeux de certaines gens pour un affreux matérialiste, et voici sa réponse à ce mauvais compliment : « Le mot de matérialisme exprime une grossière absurdité qu'un philosophe devrait rougir d'imputer à ceux qui ne pensent pas comme lui sur la nature et le sort futur de l'humanité. Il y a de la bassesse à ériger cette abstraction vide de sens en motifs ou en moyen de discussion. »

On le voit, la carrière de Broussais fut longue et bien remplie ; il eut pu justement s'approprier la devise de Beaumarchais : Ma vie est un combat. Mais cette vie incessamment militante avait fini par fatiguer sa constitution vigoureuse ; sa santé s'altérait sensiblement ; aux douleurs qu'il ressentait de loin en loin vint se joindre une diarrhée à laquelle il n'accorda peut-être pas assez d'attention, parce qu'elle ne l'entravait pas dans ses occupations et qu'elle ne gênait encore ni l'appétit, ni la première digestion. Cependant, après avoir duré plusieurs années, cet état se compliqua de défécation pénible, de douleurs prostatiques et d'envies d'uriner trop fréquentes. Le 12 avril 1838, le malade appela près de lui le docteur Amussat père, qui constata l'existence d'une induration squirrheuse des trois-quarts antérieurs de la circonférence du rectum. On employa d'abord, avec l'assentiment de Breschet et de Sanson, des mèches et des bougies qui ne procurèrent qu'un soulagement insuffisant, puisque en juillet on crut devoir pratiquer plusieurs ligatures partielles, la crainte de l'hémorrhagie et de la phlébite ne permettant pas d'attaquer la totalité du mal. Quelques cautérisations au nitrate d'argent, nécessairement superficielles et limitées, des douches ascendantes, des bains de siége, constituèrent tout le traitement, lequel, on le conçoit, devait rester inefficace en présence d'un carcinome qui s'étendait sans cesse davantage.

Cependant le malade s'affaiblissait rapidement; les matières accumulées au-dessus de l'obstacle n'étaient évacuées qu'à d'assez longs intervalles, par crises fort pénibles que Broussais appelait ses débâcles; les pieds étaient enflés, tout faisait prévoir une fin prochaine. En effet, le 16 novembre à onze heures du soir, pendant une tentative de défécation, le malade perdit connaissance, et malgré les soins qui lui furent donnés immédiatement, il cessa de vivre à une heure dix minutes du matin. Broussais pendant la belle saison s'était fait conduire à Vitry; c'est là qu'il rendit le dernier soupir, quelques instants avant l'arrivée de son fils Casimir, que ses devoirs retenaient à Paris; on ne prévoyait pas d'ailleurs que la mort dût être si prompte. Le corps ayant été ramené rue d'Enfer, l'autopsie en fut faite le 18 novembre, par MM. Levaillant et Foucard, en présence des docteurs Orfila, Breschet, Amussat, Bouillaud, C. Broussais, Lacorbière, Stéphanopoli, Maurel, Jules Pelletan, Debout, Lemaire, de Montègre et Lecouteux. Voici les traits saillants du procès-verbal que nous empruntons,

ainsi que les détails de la maladie, à un écrit fort intéressant du docteur Amussat qui ne cessa d'assister l'illustre malade.

L'appareil encéphalo-rachidien n'offre rien de bien
notable. Rien non plus à noter du côté du cœur.

Le poumon droit est, à son sommet, adhérent à la
plèvre par des brides cellulo-fibreuses. Dans le point
correspondant à cette adhérence, la surface du poumon
est froncée, et l'on remarque au centre de ce fronce-
ment, après l'avoir incisé, une matière crétacée, inégale,
à surface rugueuse, entourée de matière noire et dense.
Le poumon gauche est adhérent à la partie interne par
une petite bride cellulo-fibreuse et son sommet présente, de même que celui du poumon droit, une petite
cicatrice froncée au milieu de laquelle on trouve une
matière noirâtre, mais pas de concrétions.

L'abdomen est très-ballonné par des gaz. Les intestins
sortent immédiatement par l'ouverture; ils sont très-
distendus par des fluides élastiques. Le foie est volumineux et infiltré par des gaz qui s'échappent par les inci-
sions qu'on y pratique. La vésicule est petite, affaissée,
et contient peu de bile. La rate est volumineuse et offre
un état de ramollissement très-avancé. Le pancréas est
sain. L'estomac, d'une assez grande capacité, présente au
bas-fond une diminution notable d'épaisseur de la
muqueuse, au point qu'on aperçoit çà et là les fibres de
la membrane musculeuse; il offre de larges stries bru-
nâtres et quelques autres rouges. La partie pylorique est

saine et ne présente qu'une tache rougeâtre attribuée,
ainsi que quelques-unes des précédentes, à la décomposition cadavérique. L'anneau du pylore est d'un blanc
légèrement rose, plus épais que de coutume, et présente
une consistance comme fibreuse. L'intestin grêle est
sain, sauf une petite tumeur sous-muqueuse, grosse
comme un pois, de consistance et d'aspect lardacé,
située à six pouces à peu près de la valvule iléo-cœcale.
Le colon, moins sa portion transverse, est rempli de
matières fécales en bouillie de couleur jaunâtre.

Le rectum, dans toute sa circonférence et jusqu'à la
hauteur de quatre pouces, est le siége d'une lésion dont
voici la description : dans une partie de cette étendue,
la surface interne présente un état de ramollissement
pulpeux, tirant un peu sur la matière cérébriforme; les
tissus sous-jacents sont infiltrés de quelques grumeaux
de matière purulente. Les parois de l'intestin et le tissu
cellulaire qui le sépare de la prostate ne paraissent ni
épaissis, ni indurés. Dans la portion malade fendue dans
toute sa longueur, on ne voit pas de saillie capable de
former un obstacle bien prononcé à l'issue des matières
fécales. Au-dessus, cependant, on observe une dilatation
formant une espèce de poche qui contient des matières
molles, et au-dessus de cette dilatation, on trouve des
matières moulées en cylindre et se terminant en cône.

Les reins sont sains. La vessie présente une tache rougeâtre vers l'uretère gauche. A l'orifice du col on observe trois replis longitudinaux, rayonnés, ressemblant

à la luette vésicale et qui s'étendent jusque dans la portion prostatique de l'urètre. La prostate de grosseur et de consistance normales contient dans son épaisseur quelques grains de sable.

Il résulte clairement de l'autopsie, que la maladie de Broussais était purement locale et sans complication. Comment avec si peu d'étendue a-t-elle occasionné la mort ? Sans doute, en déterminant, par le séjour prolongé des matières dans la presque totalité du gros intestin, une résorption délétère et une altération du sang, analogue à ce qu'on observe dans les résorptions putrides, urineuses et purulentes. Car au moment de la mort, il y avait vingt et un jours qu'avait eu lieu la dernière débâcle.

Broussais avait parfaitement bien jugé son état, lorsqu'il disait que tout le mal était dans le rectum et qu'il rejetait toute idée de complication. L'autopsie justifia de plus son diagnostic relativement à l'inflammation de la portion pylorique de l'estomac, dont il se reconnut atteint en 1829, ainsi qu'à la grave affection des poumons qui, dans sa jeunesse, lui avait fait croire à l'existence, en lui, d'une phthisie avancée, et qui fournit à la science un exemple de plus de cicatrisation parfaite du tissu pulmonaire.

Ainsi finit ce novateur hardi, le dernier chef d'école en médecine, heureux et triomphant d'abord, mais considéré par ses adversaires comme un systématique étroit, exclusif en thérapeutique, un Sangrado n'ayant dans

son arsenal que la lancette et les sangsues. Exclusif!
Nous espérons démontrer par ses écrits mêmes, qu'il
savait mettre à profit toutes les ressources de l'art.
Quant à l'esprit de système, loin de s'en défendre, il
déclarait les théories « nécessaires à l'avancement des
sciences ; sans elles, d'immenses faits resteraient stériles ;
on ne saisirait point leurs rapports ; en un mot, les
théories formulent le passé, fécondent le présent, pré-
parent l'avenir. Toutes les actions des hommes sont
inspirées par une théorie, surtout en matière de science,
et particulièrement dans la nôtre. Rien de plus avéré,
car il est impossible que l'homme ne réduise pas tout
ce qu'il sait à des formules générales. Son esprit n'a pas
assez d'étendue ni de rapidité d'action pour qu'il puisse,
quand il est question d'agir, se rappeler tous les faits
analogues à celui qu'il a sous les yeux. Il a donc recours
à ses formules générales, c'est-à-dire à ses principes,
ou bien, dans d'autres termes, à sa théorie, dont les
axiomes sont réduits au moindre nombre possible, et
disposés méthodiquement dans son souvenir. Or, c'est
comme si nous disions qu'il a recours à son système,
car système est synonyme d'arrangement méthodique ;
et qu'il agit d'après les impressions qu'il en reçoit.

« Que penser après cela des médecins qui accusent
les physiologistes d'être systématiques? Mais ces médecins eux-mêmes ne sauraient traiter le malade qui se
présente, qu'après l'avoir comparé mentalement avec
d'autres malades plus ou moins semblables, dont ils ont

conservé le souvenir; et l'instrument de comparaison nécessaire ne peut être qu'un résumé des faits réduits à leur plus simple expression. Ce résumé des faits est un répertoire de sentences que l'on regarde comme des vérités; ces vérités sont les mobiles de la conduite thérapeutique du médecin; ces mobiles sont pour lui des principes qui doivent être distincts les uns des autres et disposés dans un ordre dont on a la clef, pour qu'on puisse les retrouver et s'en servir au besoin. Eh bien ! si ces principes sacrés, agents de conviction et, comme tels, base de conduite, sont ainsi disposés dans notre esprit, ils constituent un système et tout médecin doit être systématique. »

HISTOIRE

DES

PHLEGMASIES CHRONIQUES

———

Ce n'est pas seulement la personne et l'immense renommée de Broussais que nous avons entrepris de rappeler à nos contemporains : nous nous proposons surtout d'étudier ses nombreux écrits, de signaler ses découvertes et de démontrer les progrès qu'il fit faire à la science ainsi qu'à la pratique médicales. Dans l'examen de ses ouvrages nous suivrons l'ordre chronologique, et bien souvent nous laisserons l'auteur exposer lui-même ses idées et répondre aux adversaires de sa doctrine.

C'est en 1808 que Broussais publia son *Histoire des pglegmasies chroniques*. Il raconte dans la préface que « frappé du grand nombre de victimes consumées par cette fièvre lente qui, seule, enlève aux drapeaux plus d'hommes que toutes les maladies ensemble, il s'imposa la tâche de recueillir les faits dont il était témoin, et qu'il ne tarda pas à reconnaître que les affections chro-

niques auxquelles succombaient tant de malheureux,
étaient la suite d'inflammations qui n'avaient pu être
guéries dans leur période d'acuité. Prenant Trnka pour
modèle, et voulant rectifier ses idées sur la fièvre hectique, il rassembla d'abord les observations éparses
dans les auteurs. Mais peu satisfait du résultat de ces
recherches, il se mit à recueillir lui-même l'histoire
complète des maladies qu'il avait sous les yeux, y compris l'examen nécroscopique ,toutes les fois que les efforts
du médecin n'étaient pas couronnés de succès.

« Car, dit-il, si les cadavres nous ont quelquefois paru
muets, c'est que nous ignorions l'art de les interroger.
En comparant souvent après la mort l'état des organes
avec les symptômes qui ont prédominé durant la vie,
on apprend à rapporter ceux-ci à leur véritable source,
à distinguer les perturbations purement symptômati-
ques de celles qui sont dues à la lésion idiopathique
d'un appareil; on rectifie les faux jugements qu'on a pu
porter; on s'habitue à devenir circonspect; on s'exerce
à distinguer l'influence des agents extérieurs de ce qui
tient essentiellement à la succession régulière des phénomènes morbides; en un mot, on se perfectionne dans
toutes les branches de la médecine. Lorsqu'on a longtemps observé et rapproché d'après cette méthode, il
s'agit de procéder aux conclusions, mais il faut le faire
avec une extrême sagesse et ne généraliser ni trop ni trop
peu. Donc, observez bien, rapprochez avec habileté,
concluez avec justesse, et vous aurez une théorie qui ne

vous abandonnera pas au lit du malade, que chacun
respectera puisque chacun aura contribué à l'enrichir
ou la perfectionner. »

Telle est l'origine de l'histoire des phlegmasies chroniques, tel fut le point de départ des idées que l'auteur
développa plus tard dans d'autres ouvrages et dans ses
cours. Et comme la majeure partie des cas qui se présentaient à son observation consistaient en inflammations des organes pulmonaires et de ceux de la digestion, il reconnut bientôt que les premières, liées entre
elles par des rapports multipliés et se transformant à
chaque instant les unes dans les autres, aboutissaient
fréquemment à la formation de tubercules, à la phthisie,
tandis que les diarrhées rebelles, les lésions organiques
de la muqueuse digestive étaient le résultat ordinaire de
l'inflammation des viscères abdominaux. Appliquant
plus tard à l'économie tout entière les lois génésiques
qu'il avait découvertes en observant les maladies des
appareils respiratoire et digestif, il attribua tous les
désordres organiques à l'irritation des tissus, principe
unique, modifié par des circonstances diverses qui font
varier les résultats sans rien changer à l'essence du
mal.

« C'est par une inflammation qui détruit avec plus
ou moins de promptitude un ou plusieurs des viscères
essentiels à la vie que le plus grand nombre des hommes
périt. Si nous parcourons l'immortel ouvrage de Mor-
gagni (qui toutefois laisse à désirer en ce qui concerne

l'exploration des viscères du ventre), nous y trouverons
à chaque instant des traces non équivoques d'inflammation. Si nous interrogeons les hommes en proie à quelque affection chronique, la plupart nous accusent une
douleur fixe et permanente de quelque partie interne,
tandis que la fièvre, le dépérissement dans lequel nous
les voyons, nous font trop souvent pressentir qu'ils péri-
ront par les suites de la désorganisation phlogistique
d'un viscère. Si nous portons un œil attentif sur les
symptômes des maladies aiguës, ils se réduiront le plus
communément à un trouble de la circulation, accom-
pagné d'une fièvre locale plus ou moins intense, avec
tuméfaction et rougeur de l'organe, s'il est visible; s'il
ne l'est pas pendant la vie, on peut, après qu'elle est
éteinte, se convaincre que la tuméfaction existe. »

Ici se retrouvent les quatre phénomènes caractéristiques de l'inflammation selon l'ancienne formule :
tumeur, rougeur, chaleur et douleur. Mais Broussais
était trop fin observateur pour ne pas remarquer que ces
phénomènes, dont le siége est dans les vaisseaux capillaires de la partie malade, et qui résultent de l'augmentation de leur action organique, sont subordonnés à la
structure, à la vitalité des tissus. C'est ainsi que l'inflammation, phlegmoneuse dans les parenchymes, revêt la
forme érysipélateuse dans les membranes. Selon le degré
de sensibilité des capillaires irrités, selon la nature des
fluides qui les pénètrent, les symptômes non moins que
les produits matériels de l'inflammation sont sujets à

beaucoup de variétés, à des nuances infinies qu'il importe d'étudier sérieusement et séparément.

Commençant cette étude par l'inflammation aiguë, l'auteur la considère tour-à-tour dans chacun des tissus ; il note les différents modes de terminaison : délitescence, métastase, gangrène, hépatisation, induration rouge, ulcération, suppuration ; mais, lorsque, au lieu de se terminer ainsi, l'inflammation se perpétue et passe à l'état chronique, il se produit de nouveaux désordres, tels que : épaississement lardacé ou caséiforme, aspect rougeâtre ou grisâtre, état squirrheux, dégénérescence cérébriforme, mélanose, tubercules, noyaux osseux ou cartilagineux.

Broussais fait observer qu'on perd souvent l'aptitude aux phlegmasies aiguës après les avoir éprouvées plusieurs fois ; les récidives d'érysipèle à la face, d'angine, de pneumonie, sont presque toujours de moins en moins intenses. Il n'en est pas ainsi de l'état chronique : il ne cesse de s'aggraver par la durée et par la répétition. C'est alors surtout que surviennent les désorganisations de tissus. Dans son opinion, les glandes ou ganglions ne s'enflamment guère et ne se désorganisent que consécutivement à l'irritation qui réside ordinairement dans la muqueuse voisine, et qui se répand en outre bien souvent dans toute l'atmosphère cellulaire environnante où se développent de petites masses tuberculeuses. La même cause engendre les mêmes désordres dans les organes parenchymateux, cerveau, poumons, foie et jusque dans les tissus les plus durs, les os.

Le trouble opéré dans l'exercice des fonctions est en proportion directe de l'intensité de l'inflammation. Ainsi, dans les phlogoses aiguës, de caractère phlegmoneux ou occupant une grande étendue dans une membrane viscérale, on observe fièvre, malaise général, altération profonde des fonctions nerveuses et des sécrétions, puis, en cas de progrès ou de prolongation, suppuration, ulcère, fièvre hectique et marasme. Dans les phlogoses des organes peu fournis de capillaires sanguins, fièvre moindre ou même nulle, mais troubles nerveux, dérangement des sécrétions, et finalement désordres particuliers à l'état chronique.

Procédant à l'exposition des faits sur lesquels il a fondé sa doctrine, Broussais, d'accord avec tous les praticiens, distingue les phlegmasies des poumons en inflammations de la membrane muqueuse, catarrhes ou bronchites; inflammations du parenchyme ou pneumonies, parmi lesquelles il range la phthisie, qui n'est pour lui qu'une pneumonie chronique, de nature lymphatique et devenue ulcéreuse; inflammations de la plèvre ou pleurésies. Malgré la différence du siége de la bronchite et de la pneumonie, il réunit ces deux maladies dans le même chapitre, en raison de la difficulté d'établir entre elles, en certains cas, un diagnostic différentiel, difficulté très-réelle, en effet, avant la découverte de l'auscultation.

Les premières observations se rapportent à des

pneumonies plus ou moins prolongées, présentant à l'autopsie l'induration hépatique. Les malades qui les portaient, empressés de rejoindre leurs corps qui s'éloignaient toujours, ou manquant de tout dans des hôpitaux mal fournis, avaient tous subi des rechutes ; dans de meilleures conditions, ils n'auraient probablement pas succombé. Viennent ensuite des cas nombreux de complications par la pleurésie, la méningite, la dyssenterie et surtout par l'entérite folliculeuse qui fait tant de ravages dans les armées. A Bruges, dans un hôpital ou Broussais prit le service pendant l'hiver, se trouvaient un grand nombre d'hommes convalescents de fièvres intermittentes et qui attendaient le retour de leurs forces. Or, la plupart de ces malades ayant succombé, l'autopsie démontra chez quelques-uns une tuméfaction notable de la rate, et chez presque tous, neuf sur dix, l'induration du poumon et de la plèvre enflammée, indépendamment des désordres observés dans le péritoine et sur la muqueuse du canal digestif. Broussais attribue cette prédominance constante des affections pulmonaires pendant cette épidémie de fièvres intermittentes à la saison d'abord, puis à l'impression, à la congestion que produit sur les organes de la respiration le frisson initial des accès. De même que, ayant observé souvent la coïncidence de lésions organiques du cœur avec les fièvres périodiques, il n'hésite pas à croire que ces lésions peuvent être sinon occasionnées, au moins aggravées par le refoulement réitéré du sang dans les or-

ganes thoraciques. Selon lui, de toutes les causes susceptibles de déterminer la dilatation des cavités du
cœur, il n'en est point de plus efficace.

L'histoire générale du catarrhe et de la pneumonie est
terminée par des conseils très-sages sur le traitement à
leur opposer et par des considérations sur l'hygiène du
soldat qui, malgré les améliorations effectuées depuis
cette époque, n'ont pas encore tout à fait perdu leur
à-propos.

Dès les premières pages consacrées aux phlegmasies
de la plèvre, nous trouvons cette observation neuve
alors, aujourd'hui banale, qu'il existe des pleurésies
larvées, ne se présentant pas avec évidence, manquant
de leurs signes extérieurs, mais qui n'en sont pas moins
réelles. Parmi les nombreuses autopsies relatées dans
ce chapitre, les unes démontrent la formation, sous
l'influence de la phlegmasie, des tubercules pulmonaires
et des granulations tuberculeuses de la plèvre. D'autres
donnent à regretter que le médecin n'ait pas osé, comme
il en fait l'aveu, procéder à l'évacuation des liquides
épanchés, alors que les poumons étaient sains et que les
malades pouvaient guérir par cette opération. Plusieurs
enfin sont des exemples curieux de pleurésies doubles,
de pleuro-péricardites, de pleurésies gangréneuses et
de perforations du parenchyme pulmonaire, en communication avec la plèvre. Dans ce cas, et à propos des
pleurésies traumatiques, Broussais n'oublie pas de noter
l'influence funeste et la dépravation des liquides que

produit l'introduction de l'air dans les cavités pleu-
rales.

Au chapitre de l'étiologie, il professe que toute inflammation actuellement existante est un stimulant
toujours en action, qui dispose le corps à en contracter
une seconde, une troisième, etc. Ainsi la pleurésie a
quelquefois pour causes prédisposantes des phlogoses
quelconques, celles surtout des autres membranes séreuses, les irritations de l'appareil fibro-séreux, le rhumatisme et la goutte qui, après avoir parcouru différentes régions de cet appareil, viennent se fixer sur la
plèvre. On les voit aussi attaquer le péricarde et même
le tissu du cœur. Nous avons relu avec beaucoup d'intérêt le chapitre relatif anx altérations organiques ainsi
qu'aux divers épanchements que produisent les pleurésies aiguës ou chroniques.

Quant au traitement des inflammations pulmonaires, il est celui de tous les médecins, de tous les
temps : saignées générales ou locales, émollients, vésicatoires volants, et dans l'état chronique, régime fran-
chement réparateur. « Car, dit l'auteur, on est bien
obligé d'accorder des aliments aux malades lorsque,
malgré l'intensité de la fièvre, l'appétit se prononce
avec énergie, parce que dans ce cas la phlegmasie du
poumon est de telle nature que l'abstinence ferait plutôt
succomber le malade qu'elle n'éteindrait la fièvre. Quant
à ces mouvements fébriles qui s'élèvent tout à coup durant le calme d'une pleurésie chronique, la diète en vient

ordinairement à bout. Mais s'ils y résistaient et que l'appétit revînt, on ne pourrait se dispenser de nourrir le malade. » Et cependant on accusait Broussais de faire mourir les gens de faiblesse et de faim! Ses détracteurs ne trouvant dans cet ouvrage qu'un très-petit nombre de guérisons, feignaient aussi de croire que sa pratique était singulièrement malheureuse, oubliant sans doute que dans le cas présent les observations ne sont complétement et véritablement instructives, qu'autant qu'elles permettent de comparer les résultats de l'autopsie aux symptômes observés pendant la vie.

A l'époque où parut l'histoire des phlegmasies, les médecins, fidèles à l'étymologie, donnaient le nom de phthisie à toute consomption quelle qu'en fût la cause. De là des phthisies nerveuse, hépatique, splénique laryngée, intestinale, pulmonaire, etc., suivant le siége des lésions soupçonnées. Quelques-uns, tels que Baumes et Portal, réservant ce nom à la seule désorganisation du poumon, reconnaissaient des phthisies psorique, scorbutique, rhumatismale, syphilitique, muqueuse, inflammatoire, tuberculeuse, etc. Bayle n'avait pas encore publié ses *Recherches sur la phthisie pulmonaire*, ouvrage dans lequel, érigeant en espèces particulières des évolutions successives et des lésions anatomiques qui se succèdent dans bon nombre de cas, il admettait six phthisies distinctes : la tuberculeuse, la granuleuse, la mélanique, l'ulcéreuse, la calculeuse et la cancéreuse, lorsque Broussais proclama le caractère exclusivement

tuberculeux des ulcérations pulmonaires. Il suffira sans
doute pour lui restituer le mérite de cette opinion attribuée à tort à Laënnec déjà si riche de son propre fonds,
de reproduire le passage suivant du livre que nous étu-
dions :

« Un hôpital militaire n'a pas subsisté quelques mois
que déjà les phthisiques commencent à s'y réunir. Les
uns succombent promptement, d'autres languissent, et
après plusieurs apparences de guérison, ils subissent le
même sort. Eh bien! depuis trois ans que j'observe sur
cet immense théâtre, j'ai ouvert tous les hommes que la
phthisie a immolés sous mes yeux : je n'en ai trouvé
qu'un portant un ulcère au poumon sans tubercules, et
il le devait à la présence d'un corps étranger, d'une balle
reçue sept ans auparavant. Des tubercules, toujours des
tubercules, voilà le trait de ressemblance le plus général
et le plus uniforme, même dans les cas où la phthisie
est consécutive à des maladies étrangères au poumon. »

Ainsi, dès 1808, Broussais professa le premier qu'il
n'existe pas de phthisie pulmonaire sans tubercules; et
lorsqu'il admettait des phthisies accidentelles ou consti-
tutionnelles, pneumoniques, catarrhales ou pleuré-
tiques, etc., il n'entendait nullement créer des espèces
différentes, mais bien grouper ensemble les faits issus
de causes similaires, afin d'en étudier plus complète-
ment les caractères communs, ainsi que les indications
thérapeutiques plus particulièrement applicables à
chaque groupe. Voici d'ailleurs comment il explique

l'origine des tubercules en général et particulièrement
celle des tubercules pulmonaires :

« Toute inflammation du poumon quelqu'en soit le
siége, bronchite, pneumonie ou. pleurésie, peut par sa
prolongation communiquer aux faisceaux lymphatiques
un mode d'altération qui les rend susceptibles d'entre-
tenir à leur tour l'irritation des capillaires sanguins, et
de déterminer la destruction de l'organe. Dans tous les
tissus où il existe des faisceaux lymphatiques, et les
poumons en sont remplis, il peut se former des dépôts
de la matière tuberculeuse que ces faisceaux sécrètent
par un mécanisme partout identique. Il faut considérer
cette matière comme le produit d'une irritation des
faisceaux blancs, produit réellement extravasé et épan-
ché entre les fibres des tissus, de la même manière que
les matières adipeuse, stéatomateuse et autres, sont
épanchées dans les mailles du réseau cellulaire. Il y a
quelquefois, outre l'extravasation, une nutrition vicieuse
qui contribue à la formation des produits anormaux.

« La dégénérescence lardacée se présente plus souvent
que la tuberculeuse dans les organes qui peuvent permettre au tissu cellulaire, servant de moyen d'union à
leur tissu propre, d'acquérir un grand développement;
tandis que les ganglions, les parenchymes et les viscères
abondamment pourvus de faisceaux lymphatiques, dans
lesquels le tissu cellulaire ne saurait se développer en
effaçant le tissu propre, se présentent plus ou moins
inondés de matière tuberculeuse, lorsqu'ils ont souffert

une très-longue irritation. Les dégénérescences calcaires, pierreuses, cartilagineuses, osseuses, etc., doivent être considérées comme des effets du jeu des affinités chimiques devenues libres, jusqu'à un certain point, dans des amas de matière animale soustraite à l'influence des capillaires vivants. Plus ces amas sont considérables, plus aussi les dégénérescences sont fréquentes ; elles n'ont jamais lieu dans les tubercules petits et isolés des phthisies aiguës et très-inflammatoires, mais on les trouve souvent dans les volumineux dépôts des phthisies sèches et longues. »

Aujourd'hui que le microscope nous a révélé la structure intime des tissus à l'état normal et les caractères particuliers de chacune des diverses productions pathologiques, on enseigne que les tubercules sont constitués par l'hypergénèse des cellules du tissu conjonctif. Mais Broussais ne pouvait à l'œil nu pressentir les découvertes réalisées par MM. Robin, Lebert et Wirchow, et qui modifient si profondément nos connaissances en anatomie, en physiologie, ainsi qu'en pathologie. Et cependant on voit qu'il avait remarqué combien les dispositions diverses du tissu cellulaire ont d'influence sur la production de telle ou telle forme d'altération anatomique. Au reste, si l'explication du phénomène était erronée ou incomplète, les faits bien observés subsistent et conservent toujours leur valeur.

Dans une riche série d'autopsies, nous assistons à la formation et au développement progressif des tubercules pulmonaires, depuis les granulations miliaires coïncidant avec les lésions ordinaires de la pneumonie chronique, jusqu'aux infiltrations, aux masses tuberculeuses avec ulcérations, aux cavernes suppurées, et à la destruction totale du parenchyme. Puis viennent les complications de la phthisie : méningite, entérite, hépatite, avec ou sans tubercules intra-crâniens ou intra-abdominaux, foies gras, laryngo-trachéites, etc., complications conformes à cette loi : « Quand un organe est en proie à une inflammation chronique, et surtout quand sa désorganisation est opérée, tous les autres sont dans une disposition telle que pour la moindre cause irritante, ils s'enflamment et se brisent sans retour. »

Toutes les constitutions sont accessibles aux tubercules, sous l'influence des phlegmasies pulmonaires prolongées ou réitérées. Il n'y a point là de germe inné, préexistant, même dans les cas d'hérédité ; mais une prédisposition qui se manifeste d'ailleurs par des caractères connus de tout médecin. Broussais ajoute : « Les tubercules, corps inertes, ne produisent point la fièvre par eux-mêmes ; on les trouve parfois en abondance dans les poumons de personnes qui ont presque toujours été dans un état d'apyrexie. La fièvre est d'ordinaire en raison de l'inflammation qui les produit ou qui les accompagne, et rarement en raison de leur nombre. Ils naissent derrière les régions phlogosées de la muqueuse des bronches, et débutent le plus souvent au sommet du lobe, cette partie étant la plus affectée à la suite des

catarrhes. Ils se répètent ensuite dans le lieu correspondant du lobe opposé, et de là ils s'avancent avec la
phlogose dans le reste du parenchyme. Cependant, à la
suite des pneumonies et des pleurésies des régions
moyenne et inférieure, ils commencent dans ces régions ;
mais ils ne se forment jamais simultanément dans toute
l'étendue de l'appareil pulmonaire. »

Broussais admet sans hésiter la curabilité des tubercules quand ils sont circonscrits, et que la matière inor-
ganique ramollie se trouve expulsée avant que le poumon
soit hors d'état de se cicatriser. D'après ses observations
sur le cadavre, les traces de guérison se manifestent par
une cicatrice cartilaginiforme, autour de laquelle on
voit le parenchyme desséché et plissé, comme la peau
l'est aux environs de certaines cicatrices extérieures.
Mais comme les tubercules sont dans la plupart des cas
incurables, ce n'est pas eux qu'il faut traiter, c'est la
phlogose, qui les précède et les produit, qu'on doit tâcher
de détruire au plus tôt, pour en prévenir la formation
ou pour en arrêter les progrès.

Mais la tuberculose étant donnée, que faire pour en
retarder au moins les conséquences? La première indication serait assurément de dissiper les engorgements
du poumon, si l'on pouvait espérer résoudre les tubercules. Au nombre des médicaments vantés dès ce temps-
là, nous avons remarqué l'acétate de plomb, supposé
pouvoir, par sa propriété astringente, contracter les
capillaires et favoriser la cicatrisation du poumon; puis

de nouveau recommandé par Fouquier, par les docteurs
Devergie et Beau, mais uniquement pour modérer les
sueurs et la diarrhée qui si souvent abrégent la vie des
phthisiques. Broussais, de même que tous les médecins
éclairés, compte fort peu sur les médications tour à tour
en faveur ; il leur préfère les moyens fournis par l'hygiène : une alimentation réparatrice, les féculents, le
lait surtout, quand il est bien digéré ; la laine sur la
peau, les frictions, une température douce et constante,
et, s'il se peut, la chaleur solaire. Toutefois il convient
de combattre les complications et de parer aux symptômes prédominants, tels que la douleur et la toux, la
dyspnée, les vices de l'expectoration, la diarrhée et les
sueurs excessives, qu'on modère en administrant des
boissons doucement astringentes et quelques doses mé-
nagées de bon vin.

Le chapitre du traitement est clos par des exemples
de terminaison heureuse dans des cas qui semblent bien
être des phthisies consommées, mais qui laissent pourtant quelque doute sur leur véritable caractère. Aussi
l'auteur s'écrie-t-il : « Ce serait un beau problème à
résoudre que le suivant : Une inflammation chronique
du poumon étant donnée, reconnaître par des signes
certains si le viscère est intègre, ou si son organisation
est détruite sans retour ; et déterminer la méthode la
plus sûre de prévenir le vice organique quand il n'est
pas consommé. » Ce problème ayant été dans la suite
en partie résolu, Broussais, dans sa troisième édition,

s'empressa de féliciter Laëennec, son plus rude adversaire, de l'heureuse invention du stéthoscope et du parti
qu'il en a su tirer, pour mettre désormais tout médecin
en mesure d'affirmer l'état réel du poumon.

Les maladies du cerveau ne figuraient point primitivement dans l'histoire des phlegmasies chroniques.
Cette lacune fut remplie en 1822, par l'addition d'un
chapitre où sont rapportés quelques faits qui viennent à
l'appui des principes professés par l'école physiologique,
en ce qui concerne les affections des centres nerveux.
Voici le résumé de ces principes : Les symptômes dits
cérébraux sont dus effectivement à l'irritation de l'encéphale qui peut être primitive ou sympathique; même
en ce dernier cas qui est le plus ordinaire, et qui se présente si souvent sous l'influence des viscères abdominaux,
pour peu que les accidents nerveux, délire, convulsions,
aient persisté pendant un certain temps, on trouve
après la mort des traces de leur existence qui consistent
au moins dans une augmentation de consistance, d'opa-
cité, d'injection sanguine, dans le cerveau, la moelle ou
leurs membranes. La vivacité des sensations douloureuses suffit même pour produire un certain degré de
congestion cérébrale.

Il est facile de distinguer les unes des autres les
phlegmasies de l'encéphale à leur début; mais à mesure
qu'elles s'aggravent, les traits distinctifs s'effacent; elles
se terminent toutes par une paralysie plus ou moins
générale et complète du sentiment et du mouvement,

une abolition des fonctions des sens et de l'intelligence, un état comateux, en un mot, une prostration générale de toute l'économie. Ce sont donc les premiers symptômes qu'il est important de bien étudier, de même que c'est au début de la maladie qu'il est le plus urgent d'agir avec énergie. Le traitement roule sur deux points fondamentaux : la sédation directe qu'on obtient par les saignées générales ou locales, et la révulsion qui s'opère soit sur la peau, soit sur le canal digestif lorsqu'il n'existe pas de contre-indication. Il est bien entendu qu'on tiendra grand compte de l'origine le plus ordinairement sympathique des accidents cérébraux.

A l'époque où le traité des phlegmasies fut publié, les inflammations ayant pour siége les membranes étaient fort obscures; les médecins pouvaient difficilement en constater l'existence, préoccupés qu'ils étaient des quatre phénomènes caractéristiques de l'inflammation phlegmoneuse; hors les cas d'empoisonnement, on n'examinait guère la surface intérieure du canal digestif; Pinel lui-même ne les avait pas encore encadrées dans sa nosographie. Broussais appréciant l'état matériel des organes situés profondément, par le trouble des fonctions et par la comparaison des symptômes avec les lésions que démontre l'autopsie, qualifia d'inflammation « toute exaltation locale des mouvements organiques assez considérable pour troubler l'harmonie des fonctions, et pour désorganiser en fin de compte le tissu où elle est fixée; toute irritation, quel qu'en soit le degré,

4

lorsqu'elle congestionne les capillaires, lorsqu'elle tend
à les décomposer, à les épuiser ou à anéantir l'énergie
vitale de l'individu par la douleur. »

Ainsi définie, l'inflammation de la membrane qui
tapisse intérieurement le tube digestif devra se présenter et se présente en effet fréquemment, tantôt à l'état
aigu, plus souvent à l'état chronique, soit sur un point
circonscrit, soit dans toute son étendue, en raison du
nombre et de la variété des corps étrangers toujours
plus ou moins irritants qui sont mis incessamment en
contact avec cette membrane. Et cependant, avant l'éveil
donné par Broussais, les phlegmasies de ce long viscère
étaient presque inconnues ; on les confondait avec la
péritonite ; à peine soupçonnait-on le caractère inflammatoire de la dyssenterie. C'est par l'ouverture complète
des cadavres, que ce judicieux médecin apprit à rattacher à l'inflammation de la muqueuse des voies alimentaires certains désordres que lui-même avait
jusque-là regardés comme dépendant d'une autre
cause.

Primitivement il décrivit à part la gastrite, l'entérite
et la colite ; plus tard, éclairé par une observation plus
multipliée des lésions cadavériques, il déclara que, si
ce n'est dans les cas d'empoisonnement, il n'a jamais
rencontré dans ses nombreuses autopsies l'inflammation
de l'estomac sans celle de quelque autre portion de la
muqueuse digestive, surtout celle de l'intestin grêle, en
sorte que la gastrite spontanée n'est réellement qu'une

gastro-entérite avec prédominance des symptômes fournis par l'estomac. Quant à la phlegmasie du gros
intestin qui peut exister seule ou associée à l'inflammation des portions supérieures, il la désigna sous le
nom de colite.

Dans l'étiologie des phlegmasies gastro-intestinales,
un médecin d'armée ne pouvait manquer de signaler
l'influence délétère d'une atmosphère viciée par les
émanations que produisent les agglomérations d'hommes
dans les hôpitaux, les vaisseaux, les casernes et les
camps. Alors, dit-il, « la muqueuse mise en contact
continuel avec les corpuscules mêlés à la salive dont ils
sollicitent même la sécrétion, devient le siége de lésions
plus ou moins intenses suivant l'activité des miasmes,
lesquels trop souvent possèdent la vertu de développer
la maladie d'où ils proviennent. C'est ainsi, c'est par
infection, que naissent et se propagent les épidémies
de dyssenterie et de typhus qui déciment les corps de
troupes placés dans de mauvaises conditions atmosphé-
riques. Les exhalaisons fétides de l'amphithéâtre et des
salles d'hôpitaux mal tenus ne suffisent-elles pas pour
susciter, chez ceux qui y séjournent, des gaz ayant la
même odeur, des coliques et de la diarrhée? Il n'en est
pas autrement de la fièvre jaune, gastro-entéro-hépatite
occasionnée par les miasmes qu'exhalent des foyers
putrides ou des matières animales en état de décomposition, et dont l'influence toxique est favorisée par l'ir-
ratibilité qu'une haute température établit dans la

muqueuse des voies digestives. Cette maladie n'est contagieuse que dans ces foyers. »

Les inflammations de l'appareil gastro-intestinal
jouent un si grand rôle dans la doctrine physiologique,
qu'il est utile d'en relater, d'après Broussais, les symptômes, ainsi que les lésions anatomiques qui témoignent
de leur existence :

« La gastrite aiguë débute le plus souvent par des
vomissements de matières muqueuses, bilieuses et quelquefois sanguinolentes. La fièvre est intense, la langue
est rouge et nette ou muqueuse, avec tendance à se des-
sécher. Le malade ressent une chaleur incommode au
pharynx et le long de l'œsophage, une soif considérable,
une appétence prononcée pour les boissons froides,
acidulées, un dégoût profond pour tout le reste. Constipation ou diarrhée selon l'état des intestins; douleur
à l'épigastre, parfois obtuse ou nulle, parfois très-sensible à la moindre pression. Les troubles sympathiques
les plus ordinaires sont la céphalalgie, un délire plus ou
moins passager, des contractions irrégulières des muscles de la face, des grincements de dents, des soubre-
sauts des tendons, de véritables mouvements convulsifs.
Les malades s'agitent, se découvrent afin de diminuer
la chaleur qui les dévore, poussent des soupirs fréquents,
et portent sur le visage l'expression de la plus vive
anxiété. Quelquefois il existe une toux douloureuse, à
secousses isolées, avec ou sans expectoration, ainsi
qu'une aphonie résultant de la paralysie sympathique

des muscles modulateurs de la voix. La peau est chaude et sèche dans la violence de l'état aigu, froide et même glacée quand la maladie est sur son déclin.

« La gastrite chronique peut succéder à l'aiguë, dont elle représente les symptômes dans un degré beaucoup moins considérable, à quelques exceptions près ; comme elle peut être primitive et indépendante de toute autre affection. En ce cas, elle se manifeste par une douleur à la base du thorax, tantôt obscure, tantôt brûlante, pongitive, lancinante ou bornée à un point très-rétréci. Quelques malades accusent la sensation d'un corps rond et volumineux qui comprime la poitrine en se dirigeant vers le haut ; d'autres n'éprouvent que la sensation d'une barre transversale, immobile, qui s'oppose au passage des choses qu'ils avalent, et leur inspire du dégoût pour les aliments et les boissons. L'appétit, lorsqu'il ne manque pas tout à fait, devient inégal, capricieux ; les digestions sont languissantes, imparfaites, douloureuses, accompagnées de pesanteur, de nausées, de rapports acides ou nidoreux, quand les aliments eux-mêmes ne sont pas rendus peu de temps après leur ingestion. Quelquefois au contraire on voit, au début surtout, l'irritation gastrique se manifester sous forme de boulimie. La constipation est l'état ordinaire ; elle n'est remplacée par la diarrhée que lorsque la phlogose vient à gagner le gros intestin. Les malades, taciturnes, impatients, soupçonneux, ont l'air souffrant, la face ridée à longs traits, les conjonctives rouges, les lèvres et les éminences

malaires de couleur vineuse, ainsi que la langue et tout
l'intérieur de la bouche. Cependant on leur voit quelquefois sur le milieu de la langue une espèce d'encroû-
tement muqueux et desséché en forme de fausse membrane; d'autres fois cet organe est très-chargé, très-mu-
queux, la bouche habituellement amère et l'haleine
fétide.

« Après une certaine durée, avant même que les
muscles aient diminué de volume, le tissu cellulaire
sous-cutané s'efface et se contracte de telle sorte qu'on
ne peut plus faire mouvoir la peau dans les régions où
d'ordinaire elle est fort lâche. Si l'on ajoute à cette
adhérence de la peau le caractère tiré de sa coloration
d'un brun jaune ou lie de vin, on aura deux des signes
les plus constants de la gastrite chronique. On pourrait
croire, sans qu'il en fût rien, la poitrine malade, quand
à la toux gastrique à petites secousses viennent se
joindre des douleurs lancinantes et pongitives, ressen-
ties jusque sous le mamelon, et partant des papilles de
l'estomac rétréci et remonté sous la voûte du dia-
phragme.

« Dans le commencement de la gastrite chronique,
il n'existe pas de mouvement fébrile appréciable, mais
le mal ayant fait des progrès, le pouls devient raide et
fréquent, avec redoublement dans la soirée : alors les
forces se dissipent promptement. Dans tous les cas,
lorsque la maladie tire beaucoup en longueur, la fièvre
s'efface et le redoublement du soir cesse d'être sensible.

En même temps, la peau se refroidit et se couvre, en une foule de points, de taches d'un rouge vineux très-foncé. Enfin le marasme se prononce de plus en plus, surtout si le dévoiement s'ajoute aux symptômes fournis par l'estomac. » Tels sont les signes et les nuances principales de la gastrite chronique ou plutôt de la gastro-entérite, puisque l'inflammation n'atteint presque jamais l'estomac isolément. Il est à regretter que Broussais, qui ne méconnaissait pas la gastralgie, affection purement nerveuse, dont au contraire, il admettait explicitement l'existence, ait omis de signaler ici les caractères qui la distinguent de la phlegmasie gastro-intestinale.

L'inflammation du gros intestin à son maximum d'intensité, la dyssenterie, est facile à reconnaître à des tranchées violentes, suivies de selles muqueuses, bilieuses, sanguinolentes, avec ténesme douloureux. Quant à la colite chronique, soit qu'elle fasse suite à l'état aigu, soit qu'elle apparaisse avec moins d'éclat, elle manifeste toujours son existence par des coliques et de la diarrhée; la fréquence des selles suffit, lorsqu'elle devient permanente, pour caractériser cette maladie. Sans doute il est des diarrhées qui peuvent résulter soit de la sécrétion exagérée de la bile ou du fluide pancréatique, soit de vives contractions des fibres musculaires de l'intestin, suscitées par les émotions violentes, par la commotion cérébrale, par le froid des pieds ou de la peau, par le dégoût qu'inspirent les odeurs fétides, l'aspect d'objets répugnants, etc. Mais pour peu que ces circonstances se prolongent, la muqueuse elle-même ne tarde pas à s'enflammer; et si la diarrhée en ce cas devient chronique, on trouve dans l'intestin la désorganisation propre aux colites primitives. « Pour moi, dit Broussais, je n'ai jamais observé, soit dans une affection aiguë, soit dans une chronique, aucune diarrhée dont je n'aie trouvé l'explication dans la phlogose de l'intestin. Un homme actuellement bien portant peut être à la longue épuisé, exténué par un dévoiement dont le début n'est marqué ni par la fièvre, ni par de la douleur, et qui se prolonge sans causer, dans l'harmonie générale, aucun désordre considérable; et néanmoins, ce dévoiement est comme les autres l'effet d'une phlogose de la muqueuse du gros intestin.

« Lorsque, au bout de quelques mois de durée d'une diarrhée chronique, le colon se désorganise et s'ulcère, alors les particules putrides absorbées se répandent dans toute l'économie, et s'échappent avec toutes les excrétions : l'haleine, la transpiration, les urines sont fétides, mais d'une fétidité stercorale, très-différente de celle des phthisiques et des personnes épuisées par de grandes plaies. Alors aussi les traits, les yeux surtout, se décomposent, le teint prend une couleur terne et plombée, le pouls est petit et fréquent, les forces tombent rapidement, et la mort est assurée. Tous ces accidents rapprochent la diarrhée chronique de l'aiguë; mais rien ne démontre mieux leur analogie que l'ouverture des corps. »

En effet, toute phlegmasie gastro-intestinale qui devient funeste à l'état aigu, laisse voir à l'anatomiste un épaississement, un état coriace, un endurcissement de la muqueuse, avec injection et ecchymoses ; des végétations, granulations ou fongosités ; différentes variétés d'exsudation qui peuvent être rapprochées de la suppuration, et qui correspondent plus souvent avec la coloration rouge qu'avec la noire ; quelques pertes de substance qui semblent être un commencement d'ulcération ; enfin la gangrène et le sphacèle. Broussais dit en outre avoir rencontré dans un grand nombre de sujets morts d'entérite à forme adynamique, des invaginations dont il attribue la formation aux degrés différents de l'inflammation répartie dans les diverses portions de l'intestin.

A l'état chronique, le canal digestif est parfois contracté au point qu'il contient à peine quelques matières excrémentitielles, et que ses parois sont partout en contact. Celles-ci présentent assez souvent après la mort un épaississement de plusieurs pouces et une confusion de tissus qui va jusqu'à intéresser les trois membranes. C'est ainsi que se forment les squirrhes du cardia, du pylore et des autres points des voies alimentaires. Quant aux ulcérations, on en voit à bords inégaux et comme calleux, coupés perpendiculairement aux dépens de la muqueuse détruite dans toute son épaisseur, et dont le plancher n'est plus formé que par les membranes musculeuse et séreuse ; parfois même il y a perforation

complète des parois. Certains ulcères prennent naissance dans les cryptes ou glandules qui fournissent la
mucosité ; autour d'eux la muqueuse est plus épaisse
qu'ailleurs, et d'une couleur qui s'approche beaucoup
plus de la noire. Ils se rencontrent principalement à la
fin de l'iléon, dans le cœcum et dans la moitié inférieure
du colon. On voit ici que Broussais, par une observation
très-attentive, avait appris à distinguer les ulcérations
du tissu membraneux de celles dont le siége est dans
les plaques de Brunner et les glandes de Peyer.

L'abstinence plus ou moins complète d'aliments et de
stimulants, l'usage des émollients et des rafraîchissants,
les saignées locales propres à opérer le dégorgement des
tissus congestionnés, l'emploi des lavements et de légers
purgatifs, constituent le traitement rationnel des phlegmasies gastro-intestinales, traitement dont « le succès
dépend principalement de la persévérance dans le régime diététique, du discernement qui préside au choix
des ingesta, de l'opportunité d'une alimentation sagement mesurée, et surveillée de telle sorte, qu'on puisse
immédiatement la modifier ou la supprimer, lorsque les
résultats en sont mauvais. »

Broussais croit avoir observé que l'hépatite phlegmoneuse est le plus ordinairement consécutive à des affections traumatiques du cerveau et de ses membranes.
Mais les blessures à la tête ne sont pas les seules qui
provoquent des abcès au foie ; nous avons vu semblable
complication survenir à l'occasion d'un coup de feu à

l'épaule, d'un coup d'épée au petit doigt, d'une contu-
sion à la partie supérieure du tibia. Faut-il attribuer
ces contre-coups funestes à des réactions sympathiques,
ou les considérer comme le résultat de la métastase ou
de la résorption purulente? Hors les cas de trauma-
tisme, l'hépatite se termine rarement ainsi, qu'elle soit
idiopathique ou qu'elle soit précédée d'une gastro-
duodénite, ce qui, selon Broussais, s'observe le plus
ordinairement. Elle cède alors presque toujours avec la
phlegmasie du canal digestif d'où elle dérive; et lorsque
au contraire les malades succombent, on trouve le foie
volumineux, congestionné, rouge, jaune et même noirâtre. Les inflammations chroniques de ce viscère sont
plus fréquentes que les aiguës; elles ne manquent
jamais, au bout d'un certain nombre d'années, chez les
buveurs de profession.

La rate, de même que le foie auquel souvent elle paraît associée, subit le contre-coup des irritations qui se
développent dans le canal digestif. L'inflammation
détermine dans l'un et dans l'autre de ces parenchymes
des congestions sanguines, des indurations squirrheuses,
des dégénérations tuberculeuses, et rarement de véritables collections de pus.

La néphrite à tous ses degrés nous offre un exemple
de plus de la transmission sympathique ou par voie de
continuité, de l'inflammation des muqueuses aux organes sécréteurs avec lesquels elles sont en rapports
fonctionnels. Sans doute le rein peut devenir malade

primitivement sous l'influence du froid, de l'abus des boissons alcooliques et de la bonne chère, des diuré- tiques, des métastases rhumatismales, ou de la suppres- sion des hémorrhoïdes, des règles, d'une affection cutanée ancienne. Mais bien souvent aussi le mal a commencé par la vessie ou par l'urètre, et c'est là qu'il faut l'attaquer d'abord par les antiphlogistiques. Quant au catarrhe vésical, on le voit quelquefois alterner avec les phlegmasies des muqueuses bronchique et gastro- intestinale ou les compliquer. C'est là ce que Broussais appelle sympathies par analogie de tissu, lesquelles s'observent d'ailleurs entre les séreuses aussi bien qu'entre les muqueuses.

En commençant l'histoire de la péritonite, Broussais se plaît à reconnaître l'importance des lumières proje- tées sur cette maladie auparavant si peu connue, par Pinel, que dans plus d'un passage il qualifie de profes- seur illustre et de père de la médecine clinique en France, ainsi que par Gasc, Bayle et Laënnec. Il rap- porte ensuite un grand nombre d'observations complé- tées par l'autopsie, qui lui servent de base pour faire une description générale de l'inflammation du péritoine. Outre les causes physiques ou traumatiques admises par tous les médecins, il note les frottements des sur- faces de la séreuse qui se correspondent, et surtout les contractions violentes et répétées des muscles abdomi- naux dans le vomissement, cause qu'il signale à plusieurs reprises comme s'étant maintes fois présentée à son

observation. Il se garde bien d'oublier les causes générales : un refroidissement subit, l'usage prolongé d'ha-
bits mouillés, une longue immobilité les pieds étant
plongés dans l'eau, la rétrocession des sueurs, des règles,
du rhumatisme, les emportements de la colère et autres
circonstances analogues. Aussi n'est-ce pas sans surprise
que nous avons vu récemment un savant confrère an-
noncer comme chose nouvelle que « l'on ne peut mettre
en doute la péritonite essentielle, spontanée; qu'elle
a droit légitime à prendre place dans les traités de
pathologie d'où elle a été exclue jusqu'à présent. » Notre
honorable confrère aurait-il donc perdu de vue non-
seulement l'histoire des phlegmasies chroniques, mais
encore l'ouvrage classique de son jeune temps, la nosographie de Pinel ?

Les symptômes de la péritonite à l'état aigu sont assez
prononcés pour qu'on ne puisse pas la méconnaître.
Mais lorsquelle existe à l'état latent, elle se manifeste
par une sensibilité continue de l'abdomen que rappellent
les secousses, le vomissement, l'éternument, mais que
rend appréciable surtout la pression bi-latérale du
ventre. Parfois cette phlegmasie est encore plus obscure,
et ne produit qu'une certaine tuméfaction de l'abdomen
coïncidant avec la constipation. Cependant la fluctuation
ne tarde pas à dénoncer l'ascite. Lorsque, chez un malade qui languissait avec une péritonite presque indo-
lente, s'élève tout à coup une fièvre très-aiguë avec
chaleur ardente, fétidité insupportable, douleurs atroces

de tout le ventre, la perforation est extrêmement pro-
bable et la mort fort prochaine.

Les altérations organiques observées à l'ouverture des
corps sont : la rougeur, l'épaississement de la séreuse,
des escarres disséminées qui pénètrent jusqu'à la muqueuse, des exsudations tantôt solides et servant aux
surfaces en contact de moyen d'union, tantôt séreuses,
troubles ou limpides, des épanchements sanguins ou
purulents, des granulations tuberculeuses, un épaississement lardacé du tissu post et inter-péritonéal dans
lequel on trouve les ganglions du mésentère convertis
en tubercules, enfin des espèces de phlyctènes remplies
de sérosité limpide.

La péritonite est toujours une maladie grave et qui
réclame à l'état aigu le traitement le plus prompt et le
plus actif : couvrir l'abdomen de sangsues et saigner le
malade s'il est jeune; jamais de vomitifs, mais légers
laxatifs au besoin; repos et diète absolus. Si la phlegmasie ne s'est point terminée dans la période d'acuité,
si les débuts en ont été latents, obscurs, méconnus, il
importe d'accorder quelques aliments qui donnent à
la nature le temps d'agir. « Mais il faut être ferme dans
l'exécution du plan qu'on a adopté, dit Broussais; on le
sera si l'on parvient à se persuader que toute phlegmasie
chronique tend à s'éteindre tant qu'il n'y a pas désorganisation; et que le plus ordinairement cette fâcheuse
terminaison n'a lieu que parce qu'on a trop souvent
ranimé l'irritation. Car tous les mouvements organiques

qui s'élèvent au-dessus du rhythme normal ont une durée limitée. »

Nous avons cru devoir donner une certaine étendue à notre analyse de l'histoire des phlegmasies chroniques, parce que ce livre est et restera toujours un excellent traité de médecine clinique. Chacune des observations qu'il renferme vous fait assister à toutes les phases de la maladie, et vous conduit ensuite à l'amphithéâtre où se déroule devant vous le tableau d'après nature des lésions anatomo-pathologiqnes que laissent après elles les maladies, celles surtout des appareils de la respiration et de la digestion. C'est une collection de faits envisagés à tous les degrés, dans toutes les nuances, qu'il serait difficile de rencontrer ailleurs que dans les hôpitaux militaires où s'accumulent, après quelques mois de campagne, les malheureux qui viennent en si grand nombre y chercher la fin de leurs maux.

EXAMEN

DES DOCTRINES MÉDICALES

GÉNÉRALEMENT ADOPTÉES

Lorsque en 1816 il prit à tâche l'examen de la doctrine médicale généralement adoptée, celle de Pinel, Broussais avait en vue, il en convient lui même, « d'affaiblir la prodigieuse autorité d'un classique dont le système fermait les yeux des médecins sur la nature des altérations cadavériques, et de remettre en discussion plusieurs points de doctrine sur lesquels on paraissait généralement d'accord. Il espérait que les controverses qui ne pouvaient manquer de s'élever feraient un jour triompher la vérité, » c'est-à-dire les principes nouveaux qu'il enseignait depuis deux ans dans ses cours particuliers, et qui devaient bientôt constituer la médecine physiologique. Encouragé par le succès du premier Examen, il en publia en 1821 une édition beaucoup plus étendue et plus explicite où, parcourant l'histoire de la médecine depuis Hippocrate jusqu'à Laënnec, il bat en brèche les vieilles croyances, et développe dans une série de propositions relatives à la physiologie, à la pathologie, à la thérapeutique, le plan de la doctrine qu'il prétend substituer aux systèmes de ses prédécesseurs. Sans nous arrêter à ces aphorismes, ce qui serait fastidieux et sans utilité, nous aborderons immédiatement la partie historique et critique de l'ouvrage.

Chacun sait que la doctrine hippocratique est basée sur l'observation des faits et sur le respect des tendances de la nature; elle rallie encore, après tant de siècles écoulés et tant de progrès réalisés, un certain nombre d'esprits moins actifs que prudents, enclins au doute et quelque peu fatalistes. Si là n'est pas le dernier mot de la science, au moins devons-nous convenir, et c'était bien aussi l'avis de Broussais, que la patience et l'expectation sont infiniment moins pernicieuses que l'abus des moyens violents et perturbateurs.

Galien, grand observateur aussi, se perdit dans les explications humorales. Associant le chaud, le froid, le sec et l'humide empruntés aux ouvrages d'Hippocrate, au sang, à la pituite, à la bile et à la mélancolie, il fit concorder les maladies avec ces quatre humeurs; de sorte que les sanguins étaient sujets aux maladies inflammatoires, les bilieux aux affections bilieuses, les pituiteux à celles qui dépendent de la surabondance du phlegme, et que les mélancoliques étaient tourmentés par l'atrabile. La prédominance ou la combinaison de ces quatre diathèses, la corruption du sang, son in-

5

flammation, la théorie des coctions et des crises déjà
mise en vogue par Hippocrate ; le calcul des jours indi-
cateurs, préparateurs, décrétoires, critiques ; les vraies
et les fausses crises, tels furent pendant longtemps ou,
pour mieux dire, tels ont été jusqu'à nos jours les
dogmes favoris des médecins humoristes.

Boërhaave vint ensuite qui fondit ensemble les théories solidistes et vitalistes, mécaniques et humorales.
Enfin la confusion devint telle, par la multiplication des
entités pathologiques, qu'on ne pouvait plus saisir d'indications thérapeutiques. De là naquit sans doute l'idée
d'établir des nosologies qui permissent de ranger avec
ordre les connaissances acquises, et qui vinssent au
secours de la mémoire. Celle de Sauvages fut la première et la meilleure. Aussi, laissant de côté l'âme de
Stahl, l'archée de Van Helmont, le fluide nerveux de
Fréd. Hoffmann, la vibration des nerfs de Cullen, devons-nous, avec Broussais, donner quelque attention à
cette nosologie, non-seulement à cause du progrès
qu'elle réalisa, mais aussi parce que Sauvages, s'il ne
fut pas le fondateur de la doctrine particulière à
l'école de Montpellier, fut du moins le premier chef de
cette école.

Ce grand médecin, non moins grand botaniste, s'imposa la tâche de classer les maladies en autant de
groupes qu'il pouvait exister d'indications curatives ; de
signaler chaque maladie par des caractères invariables,
et de placer à côté le remède approprié. Il reconnaît dix

classes de maladies dont les principales sont : les fièvres, les phlegmasies, les spasmes, les débilités, les cachexies. Il admet l'existence d'une puissance conservatrice qui réagit intelligemment sur les causes perturbatrices par les nerfs et sous l'impulsion du cœur, puissance qu'il faut modérer quelquefois et stimuler le plus souvent.

Ces idées ont été reproduites par tous les nosologistes avec des modifications plus ou moins importantes. Elles règnent encore à Montpellier, ainsi que dans l'esprit des animistes et des vitalistes, nos contemporains. Broussais fait remarquer que ce procédé de classification imité de Linné serait bon, si les symptômes constitutifs de chaque groupe de maladie se présentaient toujours dans le même ordre, comme cela a lieu pour les attributs des végétaux. Mais il s'en faut bien qu'il en soit ainsi ! A peine observe-t-on dans une longue pratique deux groupes de symptômes absolument semblables. Les différences viennent de ce que les organes dont ces symptômes expriment les souffrances ne sont presque jamais affectés précisément au même degré, et de ce que la sensibilité des malades offre des variétés infinies.

« Pour obtenir une bonne nosographie, il ne suffit pas de recueillir fidèlement les symptômes; il faut : 1º les évaluer, en déterminer la valeur, c'est-à-dire préciser l'organe dont la souffrance les produit; 2º expliquer comment cet organe est devenu souffrant; 3º indiquer ce qu'on doit faire pour qu'il cesse de souffrir. Ces trois points établis, on possède sur la nature et l'essence de

la maladie les notions nécessaires pour en opérer la
guérison ou pour en reconnaître l'incurabilité. Mais
pour déterminer quel est l'organe souffrant, il faut connaître tous les organes et tous les tissus qui les constituent, les moyens de communication par lesquels ces
organes sont associés entre eux, et les changements que
la modification d'un organe fait éprouver aux autres en
vertu des lois vitales, toutes notions que nous fournissent l'anatomie et la physiologie. Pour expliquer comment un organe est devenu souffrant, il est indispensable de connaître l'influence des modificateurs, des
agents de la nature, sur chacun des organes qui nous
composent. Notre premier travail sera donc de noter
sous l'influence de quel agent cet organe s'est écarté de
son action normale.

« Or, ajoute Broussais, les nosologistes des deux derniers siècles ne possédaient pas une connaissance assez
approfondie de l'anatomie, de la physiologie, de l'hy-
gièue, et surtout ils manquaient trop complétement de
la comparaison des symptômes avec l'état des organes
après la mort, pour faire autre chose que de l'ontologie
dans leurs classifications de mots d'un sens mal déterminé, plutôt que de véritables maladies. »

Ce reproche peut s'adresser à Brown, quoique le point
de départ du médecin écossais soit le même que celui de
Broussais, puisqu'il admet tout d'abord que la vie ne
s'entretient que par l'action des stimulants venant du
dehors, ou par l'exercice même des fonctions, par l'in-

fluence nerveuse, par les passions et par l'action musculaire ; par des stimulants généraux produisant de l'in-
citation dans tout l'organisme, ou par des stimulants
locaux n'affectant l'ensemble qu'après avoir agi d'abord
sur un point limité. Là commence le dissentiment :
selon notre compatriote, toutes les maladies sont locales
dans le principe, et les désordres qui paraissent être
généraux ou qui le deviennent effectivement, dérivent
sympathiquement d'un organe ou d'un tissu primitivement sur-incité, comme il arrive à la suite d'une plaie
ou de toute autre maladie chirurgicale, abstraction
faite des conditions anémiques, chlorotiques et autres
circonstances appartenant à l'idiosyncrasie, au tempérament personnel.

Après un examen très-détaillé de la doctrine de
Brown, Broussais en conclut que la classification de cet
auteur en maladies sthéniques et asthéniques, générales
et locales, les unes et les autres finissant presque toujours
par entrer directement ou indirectement dans les asthé-
nies, est purement arbitraire et son système confus,
métaphysique, inacceptable et surtout dangereux, en
raison de la thérapeutique presque exclusivement sti-
mulante qui en fait le couronnement.

Quoique basé aussi sur la théorie des diathèses sthé-
nique et asthénique, le contre-stimulisme fondé par
Rasori, Tommasini, Giacomini, conclut, contrairement
à la thérapeutique de Brown, à l'indication très-domi-
nante des débilitants dits contre-stimulants, ce qui s'ex-

plique par les inconvénients plus prononcés en Italie qu'en Écosse, qu'entraîne à sa suite l'abus des stimulants. Tommasini, particulièrement; repoussant toute asthénie indirecte, consécutive, ainsi que la distinction des inflammations en sthéniques et asthéniques, soutint qu'une foule de maladies, rangées à tort dans cette dernière classe, sont essentiellement et persévéramment douées d'un caractère de sur-irritation qui nécessite imperturbablement un traitement sédatif. Bien plus, il professa, comme Broussais, que les phlegmasies dont on rencontre les traces après la mort sont toujours la cause et jamais l'effet des fièvres qui ont existé pendant la vie, ne différant d'opinion avec le chef d'école français qu'en ce qu'il place le siége principal de la majeure partie des fièvres en dehors de la muqueuse gastro-intestinale, les attribuant soit au foie, soit à quelque phlogose interne et cachée. Toutefois le stimulus italien joue à peu près le rôle attribué chez nous à l'irritation; l'indication thérapeutique est la même dans les deux doctrines, la différence réside seulement dans les moyens d'abattre l'excitation en excès: antiphlogistiques d'un côté, contre-stimulants de l'autre.

Dans l'appréciation qu'il fait de la méthode italienne et des travaux qui s'y rattachent, Broussais reconnaît loyalement la priorité de quelques idées émises avant lui sur l'utilité des adoucissants et des antiphlogistiques dans le traitement des fièvres asthéniques, nerveuses, adynamiques, ataxiques, hectiques, ainsi que dans les névroses, telles que l'hypocondrie, l'hystérie et plusieurs autres. Mais il déclare qu'exclusivement occupé de son hôpital militaire à Udine, dans le Frioul, il n'avait nulle connaissance de ce qui se faisait à Bologne, à Milan, non plus qu'ailleurs, lorsqu'il publia son *Histoire des phlegmasies*.

« D'ailleurs, dit-il, si mes résultats pratiques sont à peu près semblables à ceux de Tommasini, ma théorie, fondée sur les travaux de Bichat qui m'ont toujours servi de guide, consiste à étudier l'irritation dans les divers tissus, à découvrir leurs réactions sympathiques, enfin, à reconnaître et constater les influences de chaque modificateur capable de produire ou de guérir les maladies, non pas sur l'incitabilité ou sur la force vitale considérées d'une manière générale et collective, mais sur celles de chaque appareil et de chaque tissu en particulier. »

Se livrant à l'appréciation des agents contre-stimulants, le froid, la saignée, les émétiques, les purgatifs, la digitale, presque tous les minéraux, il conteste à tous ces médicaments la propriété sédative absolue. Si les évacuants, les diurétiques et autres sont utiles, c'est lorsque l'élimination qu'ils procurent est plus avantageuse à l'économie que la stimulation inséparable de leur action ne peut être nuisible. Le froid, les mucilages, les acides, quelques sels neutres, seuls contre-stimulants véritables, ne le sont que sous condition : le froid change son effet sédatif en un effet contraire, si la réaction

vitale est trop énergique, le principe muqueux répugne
souvent à l'estomac, la saignée elle-même peut, en certains cas, produire une superstimulation qui se manifeste
par des phénomènes convulsifs de la plus haute intensité.
Telle substance produira des effets divers et souvent
opposés ; une excitation vive au début sera bientôt suivie
d'un état d'asthénie auquel succédera la réaction ; si la
dépression des forces prédomine, il y aura contre-stimulation. En tout cas, Broussais veut qu'on tienne
compte des dispositions de l'estomac avant de lui confier
des substances actives ; la digitale, par exemple, ne
ralentit les mouvements du cœur qu'autant que cet
organe est sain. D'ailleurs, tout en niant l'existence de
contre-stimulants absolus, il reconnaît en propres termes
que la plupart des stimulants peuvent opérér la sédation
de la manière la plus puissante en certains cas. Et de
fait, nous l'avons vu bien des fois prescrire la potion
stibiée avec le discernement pratique dont il était si
richement doué.

Abordant la doctrine des médecins de l'Allemagne et
du nord de l'Europe, notre critique s'occupe tout d'abord
du « célèbre Joseph Frank, homme d'une immense lecture et d'une vaste érudition, dit-il, mais dont le système
est un amalgame de l'autocratisme d'Hippocrate, d'hu-
morisme et de brownisme. Cet auteur crée une multi-
tude de diathèses : inflammations rhumatique, gastrique,
arthritique, atonique, scorbutique, typhode, périodique,
spasmodique, scrofuleuse, carcinomateuse, hydropho-

bique, trichomatique, pellagreuse, herpétique, lépreuse, et cœtera. Toutes ces diathèses peuvent se compliquer mutuellement et se succéder à l'infini, ce qui rend le diagnostic très-difficile. Aussi en juge-t-il plutôt par les bons ou mauvais effets de la méthode curative que par les symptômes et les causes. En résumé, vaste érudition, fusion d'idées émises par divers auteurs, vague, arbitraire et confusion dans la distinction des maladies, thérapeutique empruntée à tous les systèmes, voilà ce que renferment les *Praxeos medicinæ universæ præcepta.*»

Quant aux autres écrits produits par la médecine allemande il y a près d'un demi siècle, ils sont aujourd'hui complétement dénués d'intérêt. Toutefois, on y voit Hahneman préluder à l'homœopathie par l'emploi de la belladone, à doses infinitésimales, comme préservatif de la scarlatine. Broussais relève encore dans le journal d'Hufeland une dissertation ayant pour objet d'établir que l'odeur exhalée pendant les maladies éruptives en constitue le caractère spécifique et différentiel. Dans la scarlatine, l'odeur est analogue à celle des caves où certains marchands de vins de Berlin conservent de vieux fromages; la rubéole développe l'odeur des loges d'animaux féroces, et la rougeole celle des plumes arrachées à une oie vivante. *Risum teneatis.*

« De même que les médecins allemands, les anglais donnent en général dans l'empirisme; ils affectionnent beaucoup les purgatifs; ils ne connaissent point l'expectation; chacune de leurs visites est marquée par une

prescription nouvelle. Ils ne font pas à la nature l'honneur de la croire capable de quelque effort salutaire;
l'art doit tout opérer dans leur système, et en effet, il
opère avec efficacité ! Médecine furibonde qui, si elle ne
produit pas une crise favorable, ne manque pas d'occa-
sionner d'effrayantes désorganisations que les observa-
teurs anglais signalent avec étonnement, sans soupçonner
qu'ils en ont eux-mêmes déterminé la formation. A l'ouverture, ils ne font attention qu'aux traces de phlegmasies qui paraissent dans le péritoine, dans les glandes,
dans les parenchymes, et ne tiennent aucun compte des
lésions de la membrane interne du canal digestif.
Encore méconnaissent-ils comme traces de péritonite les
adhérences qu'ils rencontrent dans la séreuse abdominale. »

Cette sévère appréciation de la médecine anglaise se
trouve justifiée par l'observation suivante qu'on peut
regarder comme un type curieux de l'audacieuse thérapeutique usitée en Angleterre à cette époque; elle est
intitulée : *Histoire d'une fièvre puerpérale avec hydropisie,*
remplacée par la phlegmasie dolente, la gastrite et l'hydro-
phobie, par J. Thacher. La phlegmasie abdominale est
d'abord combattue par la saignée; ensuite on émétise,
on purge, on donne l'opium, le calomel, le tartre stibié
de nouveau, l'ipécacuanha. Sous le bénéfice d'évacuations copieuses, survient une rémission éphémère. On
administre alors l'opium et le quinquina. Mais bientôt
les membres inférieurs s'œdématient, les urines se sup-

priment, le dévoiement se déclare et l'on sent de la
fluctuation dans le ventre. En vingt-quatre heures, on
applique six larges vésicatoires : nouvelle amélioration ;
nouvel emploi des corroborants, nouvelle rechute.
Frisson, fièvre, phlegmasia alba dolens d'un côté ; retour
de la diarrhée, suppression des urines malgré l'emploi
de la digitale. On revient au calomel, à l'opium, à l'ipécacuanha ; puis M. Thacher prescrit dans une journée
cinquante verres d'eau médicinale de Husson, sorte
d'arcane dont on croit que le colchique forme la base :
transpiration, nausées, léger soulagement. Aussi le
lendemain cinquante autres verres sont administrés.
Mais aussitôt, vomissements impétueux de bile et de
mucus, garrulité, trouble des idées, chaleur incommode
et sentiment de brûlure à la gorge propagé jusqu'à
l'estomac ; soif vive, pouls donnant cent pulsations. Le
jour suivant, accroissement des symptômes, aversion
pour les personnes les plus chères et pour toute espèce
de boisson, malgré l'ardeur de la soif. Opium, assa-
fœtida : aggravation ; sorte de rage que l'auteur appelle
hydrophobie spontanée ; la malade repousse avec hor-
reur l'eau qu'on lui présente et brise le verre qui la contient. Pendant trente-six heures rien ne peut être avalé ;
la malade tombe dans un épuisement extrême avec refroidissement des extrémités ; vésicatoire à l'épigastre,
un autre sur le crâne. Perte des facultés mentales, aspect
triste et morose, alternative de fureur et d'abattement,
aucune ingestion possible. Cependant l'hydrophobie

disparaît, remplacée par des spasmes, des tremblements, des crampes générales, du trismus. La patiente ne peut plus articuler ; elle exécute des contorsions hideuses durant huit ou dix jours, et refuse toute médication. Enfin, après quarante jours des souffrances les plus atroces, cette malheureuse femme échappe à la mort, mais avec une santé désormais chancelante.

Broussais fait observer que si les médecins anglais font généralement abus des purgatifs, ils sont en cela parfaitement d'accord avec le public naturellement humoriste, et qui n'est jamais plus satisfait que lorsqu'il a évacué une grande quantité de matières jaunes, vertes, d'un aspect désagréable et surtout d'une extrême fétidité. Il s'imagine être ainsi délivré de poisons qui n'auraient pas manqué de corrompre toute la masse de ses humeurs ; il garde la mémoire de ses dernières évacuations, et se figurant, au bout d'un certain temps, qu'il s'est fait dans son intérieur une accumulation de matière semblable, il soupire après l'instant de prendre un nouveau purgatif.

Son antipathie pour les médecins anglais n'empêche pas Broussais de rendre justice à ceux d'entre eux qui lui paraissent mériter approbation. C'est ainsi qu'il fait grand éloge du *Traité sur la goutte*, de Scumadore ; qu'il reconnaît comme leur appartenant, l'idée renouvelée en France par Récamier, d'opposer la compression au cancer ; qu'il félicite leurs chirurgiens d'user largement de la saignée pour prévenir les inflammations des viscères à la suite des grandes opérations ou des blessures graves. Enfin, il analyse en détail le *Traité sur l'inflammation et les plaies*, de J. Hunter, qu'il déclare être plein d'aperçus ingénieux, d'idées profondes et de vues très-étendues. Il cite encore honorablement l'ouvrage de J. Abernethy, *sur l'Origine constitutionnelle et le traitement des maladies locales*, ainsi que les travaux des docteurs Park, Robert Kinglake, Miller et Rush.

Les médecins espagnols sont, en général, ainsi que leurs compatriotes, remplis de perspicacité, doués d'une conception très-facile. Mais comme chez eux les connaissances anatomiques et les ouvertures de cadavres manquent à peu près totalement, leurs études consistent surtout dans la lecture des auteurs étrangers et dans un exercice de la mémoire, qui leur permettent de discuter savamment au lit des malades, et de retenir, en regard des noms des maladies, les noms des médicaments appropriés. Leur pratique est donc empirique, et leurs succès proportionnés à l'inspiration de chacun d'eux.

Après cet examen des méthodes en usage dans les principaux états de l'Europe, nous arrivons aux vieux auteurs français, dont la plupart ne nous offrent qu'une médecine humorale, fondée sur un mélange de galénisme et d'hippocratisme avec quelques traces de l'arabisme des Maures qui occupaient alors l'Espagne. Les plus sages entre ces auteurs, selon Broussais, étaient encore ceux qui suivaient de plus près l'oracle de Cos, c'est-à-dire qui dérangeaient le moins la marche spon-

tanée des maladies; ceux-ci faisaient moins de mal que
les autres. Botal entreprit bien de mettre en vogue la
méthode antiphlogistique dont Galien paraît avoir ob-
tenu quelque succès. Mais une pratique aveugle dans
cette voie est si promptement funeste lorsque l'organisation des viscères a reçu une atteinte profonde; elle
inspire un tel effroi aux malades; elle était d'ailleurs si
vague et si mal dirigée, que les autres médecins s'em-
pressèrent de la repousser.

L'époque où la médecine française a pris un caractère particulier est celle où l'on a commencé à s'écarter
du Boërhaavisme, sans néanmoins l'abandonner entièrement; à remonter vers Hippocrate; à faire à la doctrine de cet auteur l'application des principes du vita-
lisme; à partager en groupes de symptômes les observations qu'on avait faites, et à créer ainsi la méthode
nosologique. Cette manière fut celle de Sauvages, et
c'est effectivement de son temps qu'il faut partir pour
suivre les progrès de ce qu'on peut appeler la médecine
française, progrès principalement dus au génie extraordinaire et à l'esprit de rapprochement du célèbre
Bordeu.

C'est, toujours d'après Broussais, ce grand médecin
qui fonda le premier la pathologie sur la connaissance
des phénomènes de la vie. Il fit intervenir en premier
ordre une force spéciale qu'il nomma la sensibilite,
dont les nerfs sont les agents, et qui préside au mouvement vital propre à chaque organe. La vie n'est que

sentiment et mouvement; le cerveau, le cœur et l'estomac sont le triumvirat, le trépied de la vie. Par leur
union et leur concert, ils pourvoient à chaque fonction ;
ils sont enfin les principaux centres d'où partent le sentiment et le mouvement, pour y revenir après avoir cir-
culé partout. C'est grâce à cette circulation régulière que
la santé se soutient. Il importe donc d'observer les phénomènes qui se passent dans le corps vivant, au lieu de
les expliquer par la physique et la chimie ; de connaître
le génie de tous les organes, leurs liaisons, l'ordre des
fonctions et le temps où elles s'exécutent.

Telle est en résumé la doctrine de Bordeu qui nous
semble avoir certains points d'analogie avec la doctrine
physiologique. Selon cet auteur, toute fièvre dépend de
l'inégale distribution des forces; elle prend son origine
dans l'irritation d'un viscère. Il définit l'irritation : un
travail qui tend à produire une coction et une excrétion,
travail qui se rapproche beaucoup de l'inflammation,
sans cependant être l'inflammation elle-même. La thérapeutique a pour but de hâter le moment de la crise;
dans les maladies aiguës, la nature y marche avec célé-
rité, ce qui dispense ordinairement le médecin d'une
intervention active. Quant aux maladies chroniques,
elles réclament l'emploi des stimulants propres à les
convertir en maladies aiguës, afin d'obtenir une crise
trop lente à venir ou qui ne viendrait peut-être jamais.
Et le spécifique merveilleux qui remplira cette indication, c'est l'usage des eaux minérales d'Aquitaine, dont

Bordeu était inspecteur-général ! On doit à ce médecin célèbre une Étude sur les diverses conditions du pouls. plus ingénieuse que concluante en séméiotique.

Bordeu, bon anatomiste et bon praticien, avait rapproché la médecine de l'observation du corps vivant ; il l'avait en quelque sorte matérialisée. Au contraire, Barthez, homme de science et de cabinet, très-érudit en toutes matières, la fonda sur ses lectures plutôt que sur ses observations ; il la reporta dans les nues, il l'idéalisa. Selon lui, le principe vital, abstraction qui représente la cause inconnue des phénomènes de la vie, anime toutes les fibres du corps et met en jeu les forces secondaires. D'autre part, il anime le sang et les fluides en général, lesquels éprouvent des fermentations d'où résulte la formation de chaque humeur. Le principe vital, affecté par des causes internes ou externes, engendre les maladies par aberration des forces ou par corruption des humeurs. La thérapeutique comprend trois ordres de traitement : les méthodes naturelles, qui consistent à seconder les efforts de la nature ; les analytiques, qui enseignent à rechercher dans une maladie les affections dont elle est l'assemblage ou qui la compliquent : les états bilieux, saburral, inflammatoire, adynamique, nerveux, et autres éléments qui la constituent et d'où découlent les indications curatives ; enfin, les méthodes empiriques, où l'on se propose de modifier les maladies par des remèdes que l'expérience a démontré être utiles dans des cas analogues.

Broussais, qui n'aimait pas l'ontologie, fait observer que le principe vital et les forces qui en dérivent ne sont pas des êtres distincts du corps organisé; qu'ils ne portent nullement la lumière sur les inexplicables lois qui président à la vie, et qu'autant vaudrait se borner à faire l'histoire des phénomènes vitaux que d'en personnifier la cause inconnue. Toutefois, il déclare qu'on n'en doit pas moins à Barthez une reconnaissance éternelle pour avoir subordonné à son principe vital cette immense quantité de faits que lui fournissait sa vaste érudition et les avoir ainsi soustraits aux explications des animistes et des mécaniciens ou mécanicistes.

Après avoir brièvement constaté les progrès opérés par Cabanis, non-seulement dans la psychologie, mais aussi dans la physiologie et la pathologie, par la découverte des sens internes, Broussais aborde enfin son principal adversaire, celui qui fut avant lui le chef de l'école de Paris, l'illustre Pinel. Il est évident que le but de l'auteur de la *Nosographie philosophique* était moins d'augmenter les ressources de la médecine et de l'établir sur des fondements solides, que de disposer les objets dans un ordre lumineux qui en facilitât l'étude, et de dresser un cadre dans lequel vinssent se ranger toutes nos infirmités, leurs caractères, leur marche, leur dénomination surtout. Il s'agissait pour lui de résoudre le problème que voici : Une maladie étant donnée, déterminer son vrai caractère et le rang qu'elle doit occuper dans un tableau nosologique. En un mot, Pinel avait voulu faire

6

de la médecine une branche de l'histoire naturelle, digne
de figurer à côté de la zoologie et de la botanique.

Or, Broussais fait d'abord observer que les dénomina-
tions transmises par les anciens et adoptées par l'auteur
de la *Nosographie,* constituent non des maladies réelles,
mais des groupes de symptômes arbitrairement formés,
et que Pinel n'a conséquemment classé, coordonné que
des abstractions d'un sens mal déterminé. Puis, il lui
reproche de ne présenter les maladies que sous un aspect
circonscrit, incomplet, momentané, au lieu de décrire
toutes les phases, tous les modes, toutes les circonstances
que l'influence des modificateurs peut susciter dans le
cours de chacune d'elles. Dans le système de l'auteur,
l'idée d'une fièvre n'est complète que lorsqu'elle a parcouru toutes ses périodes. « Cependant, remarque Broussais, comment connaître, au début de forme angioténique ou gastrique, si la maladie doit conserver ce caractère jusqu'à la fin ou revêtir ceux des autres formes?
Et si le diagnostic doit rester en suspens, comment régler
le traitement? S'il faut attendre les événements, l'art se
réduit à rien, le médecin n'est plus que le spectateur du
procès qui s'agite entre la puissance vitale et son ennemi ;
il écoute les témoins, la défense des avocats, puis il
attend le jugement pour savoir de quel côté est le bon
droit, pour se faire une idée de la cause et lui imposer
définitivement un nom. » Donc, à ce point de vue au
moins, le cadre de la nosographie est essentiellement
vicieux.

La première section de l'ouvrage est consacrée à la classe des fièvres. Et comme il importe avant tout de déterminer ce qu'on entend par la fièvre en général, Broussais la définit : « Une accélération du cours du sang produite par celle des contractions du cœur, avec augmentation de la calorification et lésion des fonctions principales. » Pour lui, cet état dépend toujours d'une irritation locale; jamais on ne voit un cas de fièvre où tous les tissus du corps vivant soient également et primitivement irrités. Il faudrait, pour admettre des fièvres essentielles, qu'il y eût absence de l'inflammation d'un organe déterminé. C'est parce que ce point de départ est méconnu, que la fièvre est considérée comme primitive; il est méconnu, parce qu'on ne reconnaît d'inflammation que celle qui présente les caractères du phlegmon.

Parcourant successivement les six ordres de fièvres créés par Pinel, Broussais nie avec raison que, dans l'angioténique, il y ait inflammation ou même irritation dans les vaisseaux sanguins. Mais il existe alors une autre phlegmasie, celle de la muqueuse gastro-intestinale, dont les signes sont restés longtemps inconnus des auteurs, et que ceux-ci énumèrent sans se douter de leur signification : anorexie, soif, rougeur de la pointe et du pourtour de la langue, céphalalgie et douleurs contusives des membres. Si la langue et la peau prennent une teinte jaune et qu'il survienne des vomissements et des déjections de bile, la fièvre inflammatoire

se convertit en fièvre bilieuse ou méningo-gastrique ;
elle devient fièvre adéno-méningée, lorsque la sécrétion
muqueuse est en surcroît, et fièvre adynamique, si l'état
fuligineux de la bouche, la fétidité, la prostration, la
stupeur, une chaleur âcre, la couleur livide, les soubre-
sauts de tendons, la petitesse du pouls, viennent assom-
brir le tableau. Quant à la forme ataxique ou maligne,
elle résulte de troubles nerveux graves, sympathiques
de l'entérite ; car isolés ou primitifs, ils constitueraient
une phlegmasie des méninges ou du cerveau.

Le sixième ordre des fièvres essentielles comprend la
peste et les autres typhus infectieux ou contagieux :
l'Européen, fièvre nosocomiale des camps, des prisons ;
l'Américain ou fièvre jaune ; l'Asiatique ou choléra.
Broussais qui, jusque-là, considérait la fièvre adynamique non comme une affection spécifique des follicules
muqueux de l'intestin, ce qu'on ignorait alors, mais
bien comme le degré culminant d'une entérite ordinaire, ne voyait entre les fièvres adynamico-ataxiques
de Pinel et les quatre typhus miasmatiques, d'autres
différences que celles résultant de leurs causes éloignées
et des complications d'hépatite, de gangrène, de bubons
et de charbon, qu'on observe ordinairement dans ces
dernières maladies.

Le traitement des fièvres, selon l'auteur de la *Nosographie*, est aussi simple qu'uniforme ; dans tous les cas,
combattre au début la pléthore et surtout l'embarras gastrique ; puis, soutenir par des toniques la nature qui,

dans les formes graves, n'a pas la force d'achever seule
son ouvrage. Quant à la peste, il conseille sagement de
s'en préserver, s'il est possible ; mais il compte peu sur
le traitement curatif consistant, comme celui des fièvres
putrides et malignes, dans l'emploi du quinquina, du
vin, du camphre et des vésicatoires en cas de stupeur et
de somnolence.

Sans tenir aucun compte du type des fièvres intermittentes ou rémittentes, Pinel les classe, d'après les
symptômes dominants, dans un de ses ordres de fièvres
continues, et les soumet aux mêmes principes de traitement. Et cependant il reproduit nombre de cas cités
par Portal, dans lesquels l'autopsie a démontré l'existence
constante de lésions graves du foie, de la rate et de la
muqueuse gastro-intestinale. Broussais, de son côté, ne
voyant dans ces fièvres que des phlegmasies à durée
limitée et à retours périodiques, insiste sur la nécessité
de les distinguer selon le type qu'elles affectent ; voici
les raisons qu'il donne à l'appui de son opinion :
« Quelque idée qu'on se fasse de la cause et de la nature
de ces maladies, il importe de bien constater les mo-
ments où l'estomac est le mieux disposé à se prêter à
l'action des agents perturbateurs qu'on lui confie. Or, il
s'offre à l'observateur dans des conditions bien différentes dans l'apyrexie et pendant l'accès, et même aux
diverses périodes de celui-ci : tantôt il veut du chaud,
tantôt il exige du froid ; quelquefois il repousse les
aliments, d'autres fois il les appète avec ardeur. Le

type exerce donc une grande influence sur l'état de
l'estomac. Dans les fièvres rémittentes, ce viscère ne
jouit pour ainsi dire d'aucun calme; dans les quoti-
diennes, il y a quelques heures de repos; dans les
tierces, un jour entier lui est accordé; dans les quartes,
il peut pendant quarante-huit heures fonctionner nor-
malement. L'apyrexie est donc un point de la plus
haute importance et dans la classification et dans le
traitement des fièvres d'accès. »

Pinel, éclairé par la discussion, en vint presque à
rattacher lui-même ses trois premiers ordres de fièvres
à des phlegmasies locales, puisqu'il convient en propres
termes « qu'on ne peut dans telle de ces maladies
méconnaître une affection primitive, dirigée sur l'organe sécrétoire, c'est-à-dire une irritation particulière
de la membrane muqueuse qui revêt les premières
voies, et qui, par une sorte de correspondance sympathique avec les autres systèmes de l'économie animale,
produit cet ordre de fièvres. » Plus loin, dans un
appendice aux fièvres primitives, il dit explicitement :
« Chaque ordre semble affecter plus spécialement
certaines parties, comme le système vasculaire, les organes digestifs, les membranes muqueuses du conduit
alimentaire, l'appareil locomoteur, le système nerveux. » Enfin Pinel fils, probablement inspiré par son
père, a revendiqué pour celui-ci, dans un Mémoire
publié en 1820, plusieurs des découvertes de la médecine
physiologique, et spontanément abandonné l'essentialité
des fièvres.

L'examen de la classe des phlegmasies fournit à Broussais l'occasion de proclamer les services que son ancien maître a rendus à la médecine, en appelant l'attention des médecins sur le siége d'un certain nombre de phlegmasies, la péritonite, la dyssenterie et les catarrhes, et surtout en établissant le premier les caractères distinctifs des inflammations des muqueuses, et ceux des inflammations des séreuses; ce qui fournit à Bichat l'idée de son Traité des membranes. Pinel eut aussi le mérite d'enlever à la classe des fièvres essentielles les phlegmasies éruptives. Toutefois Broussais lui reproche « de ne tenir compte dans ces maladies que de l'élément cutané, tandis que le point principal et primitif d'irritation siége dans les membranes muqueuses des viscères. C'est de ce point que proviennent la fièvre d'incubation et les premiers symptômes, le danger quand il survient des accidents graves durant l'état aigu, les suites fâcheuses qui résultent exclusivement de phlegmasies chroniques des organes de la poitrine et du ventre. Une seule de ces éruptions devient dangereuse par l'inflammation de la peau, c'est la variole dans le cas où elle s'élève au dégré de confluence. Même observation applicable à certaines autres phlegmasies cutanées, érysipèle, zona, miliaire, urticaire et pemphigus. »

Le traitement des phlegmasies doit être presque toujours négatif ou, si l'on veut, expectant, d'après Pinel qui redoute de provoquer, par l'emploi des antiphlogistiques, l'adynamie, les longues convalescences

et même la phthisie. A cela Broussais répond que c'est
la trop grande timidité du médecin qui compromet le
poumon; que ce ne sont pas les pertes de sang qui
prolongent les convalescences, mais bien plutôt les
points d'irritation qui restent dans les viscères. Outre le
tempérament propre à chacun de ces deux chefs d'école,
on peut croire qu'ils subirent l'influence des milieux
différents dans lesquels ils se trouvèrent placés : l'un à
la Salpêtrière, observait sur de vieilles femmes épuisées
par la misère et le vice; l'autre, sur des hommes jeunes,
vigoureux, animés par la guerre, sujets à passer de la
privation aux excès, et transplantés, soit en Espagne, soit
en Italie, sous un climat plus chaud que celui de la France.

Les classes consacrées aux hémorrhagies, aux névroses, aux lésions organiques, fournissent à Broussais
l'occasion d'exprimer ses opinions sur ces divers
sujets. Pour lui, point d'hémorrhagies passives, celles
qu'on désigne ainsi et celles qu'on appelle actives
s'opérant par les mêmes lois physiologiques, par
l'inégale répartition de l'irritabilité et des forces vitales
dans les différentes régions du système capillaire sanguin. Quant aux névroses, il ne trouve pas qu'entre
elles et les phlegmasies cérébrales la ligne de démarcation soit assez clairement tracée. Ce qui ne l'empêche
pas de rendre hommage au savant, au philanthrope à
qui l'on a dû non-seulement l'amélioration matérielle
du sort des aliénés, mais encore une appréciation nouvelle des ressources qu'on peut tirer des

moyens moraux appliqués à la guérison de la manie.

La syphilis, qui figure à tort parmi les lésions organiques, est aux yeux de Broussais une série de phénomènes d'irritation dont il n'est pas plus possible de suivre
dans l'intérieur du corps l'agent producteur, qu'on ne
suit les agents qui développent les symptômes de la
variole, de la rougeole ou de la peste. Même critique de
la place occupée par le scorbut, maladie résultant d'un
défaut d'assimilation, d'un vice de nutrition, d'une
altération de la composition, du sang, et finalement
d'une diminution tant de la force de cohésion des fibres
musculaires, que des affinités vitales qui retiennent le
sang dans le système capillaire. En cet état d'affaiblisse-
ment radical, les inflammations locales suscitées par
les moindres causes occasionnelles, produisent en peu de
temps des ulcères, des désorganisations multipliées et
souvent funestes.

La gangrène est l'effet soit d'une inflammation
violente, soit d'un obstacle au cours du sang. Les
hydropisies, présentées par Pinel comme des vices
organiques particuliers au système lymphatique, supposent un défaut d'équilibre entre l'exhalation et
l'absorption. Tantôt elles sont la suite de phlegmasies
des membranes séreuses ou des viscères à parenchyme,
tantôt elles dépendent de quelque obstacle au cours du
sang, tantôt encore elles reconnaissent pour causes le
froid, la suppression brusque des évacuations habi-
tuelles et l'épuisement général.

Le dernier chapitre de l'examen, qui n'en est pas le
moins important, est consacré d'abord à l'anatomie
pathologique, « ce complément indispensable de l'histoire des maladies; » puis aux travaux alors récents de
Laënnec et de Lallemand de Montpellier. En effet,
Broussais ne pouvait passer sous le silence le *Traité de
l'auscultation* que, selon son expression, « on doit
considérer, malgré la modestie du titre, comme un
traité complet des signes des maladies de la poitrine. Je
rends pleine justice à la perspicacité avec laquelle
M. Laënnec sait découvrir et suivre la désorganisation
du poumon par le moyen de son cylindre, dit-il loyalement; je m'en sers tous les jours avec le plus grand
avantage. Sans cet ingénieux instrument, on ne saurait
obtenir que des données approximatives sur l'existence
des foyers de suppuration, et sur les différents degrés de
la perméabilité à l'air du parenchyme pneumatique.
Avec lui toutes ces questions sont résolues de la manière
la plus satisfaisante. On doit encore à M. Laënnec
d'excellentes dissertations sur la nature des crachats,
sur celle des cavernes du poumon qui ne sont pas toujours des ulcérations; en un mot, il excelle dans
l'exploration de la poitrine pendant toute la durée des
phlegmasies pulmonaires. Je me réjouis sincèrement
que ces progrès dans la science du diagnostic soient
l'ouvrage d'un médecin français; il doit sans doute lui
en revenir beaucoup d'estime de la part de tous ses
confrères. C'est pour cette raison que je me crois obligé

de relever les erreurs qui pourraient se glisser dans la pratique sous les auspices d'un nom devenu si recommandable; voilà l'unique raison pour laquelle j'ai mis tant de soin à refuter l'innéité, la spontanéité des tubercules et à les rapporter à leur véritable cause, je veux dire à l'irritation chronique des poumons. »

En effet, Broussais se refusait à admettre que les tubercules, non plus que les squirrhes, les encéphaloïdes, naquissent d'eux mêmes; qu'ils fussent des productions d'abord vivant, au milieu de nos organes, d'une vie particulière, tant qu'ils en jouissent ou qu'ils sont dans l'état de crudité; mais devenant, du moment qu'ils sont morts ou qu'ils se ramollissent, des poisons, des matières morbifiques qui produisent toute espèce de désordres, et entraînent enfin la consomption et la mort de l'individu. Il contestait également à la gangrène du poumon un caractère essentiel, analogue à celui de l'anthrax, de la pustule maligne ou du charbon pestilentiel; mais l'idée ne lui vint pas, non plus qu'à Laënnec, d'attribuer la gangrène du poumon à une cause qu'il reconnaissait pourtant comme pouvant déterminer la gangrène en général, à un obstacle partiel au cours du sang dans le parenchyme pulmonaire.

En ce qui concerne les maladies du cœur auxquelles il prêtait une attention particulière, Broussais n'a que des éloges à donner à son savant confrère.

« M. Laënnec, dit-il à ce sujet, a fort bien déterminé l'étendue et l'intensité des battements du cœur compa-

tibles avec le maintien de la santé ; les développements
qu'il donne à cet égard, ainsi qu'à la recherche des
causes des maladies de cet organe, sont excellents et
doivent être étudiés dans l'ouvrage même. L'auteur n'a
pas moins bien traité les anévrismes de l'aorte et des
autres artères ; il excelle particulièrement dans la
description des effets de ces tumeurs sur les parties
environnantes. Il a parfaitement décrit la péricardite,
et rassemblé des exemples curieux de productions
accidentelles dans les parois du péricarde. En somme,
l'ouvrage du docteur Laënnec offre une histoire très-
intéressante des altérations des organes contenus dans
la poitrine. »

Nous confessons nous être attaché beaucoup plus à
mettre en relief les éloges donnés par Broussais à son
glorieux adversaire qu'à reproduire ses critiques souvent justes, quelquefois trop acerbes, et presque toujours
dirigées contre la prolixité des descriptions cadavériques, les distinctions subtiles et arbitraires, la minutie
des détails, la création d'entités morbides, l'inanité de
la thérapeutique ; et contre le dédain de l'auteur pour
les données physiologiques, pour la cause première des
lésions qu'il décrit, l'irritation, et pour les complications
qui proviennent des voies digestives.

Longtemps avant la publication des *Recherches anato-
mico-pathologiques sur l'encéphale*, du docteur Lallemand, Broussais, dans ses cours, avait émis l'opinion
que le ramollissement de la substance cérébrale est

l'effet d'une véritable encéphalite. Le savant professeur
de Montpellier va plus loin : il rapporte aux divers
degrés de l'inflammation les différentes colorations que
présente le cerveau ramolli. Selon lui; la couleur grise,
la rougeâtre, la brune, qui résultent du mélange d'un
sang extravasé, délayé avec la pulpe cérébrale et surtout
avec la substance grise, se présentent lorsque le malade
a succombé dans la première période de l'inflammation.
La couleur verte est un commencement de suppuration:
la blanche dépend de l'infiltration d'un véritable pus
dans le tissu cérébral désorganisé : elle est voisine de
la collection purulente qui offre tous les caractères de
l'abcès du tissu cellulaire. Alors, dans les environs, se
rencontrent les diverses nuances correspondant aux
différents degrés de l'inflammation. On professe aujour-
d'hui que le ramollissement de la substance cérébrale
est la suite d'une oblitération des vaisseaux, que celle-ci
résulte ou non d'un travail inflammatoire.

Ici finit notre longue analyse de l'examen des doctrines
médicales qui nous paraît être un chef-d'œuvre de
polémique. Malheureusement il n'est rien moins que
propre à démontrer la fixité, partant la certitude de la
science dont il refait l'histoire. Il nous montre en effet
l'école d'Hippocrate laissant marcher les maladies au gré
de la nature; la doctrine d'Hoffmann préconisant les
antispasmodiques; celle de Cullen commençant la
vogue des stimulants que le système de Brown fait
ensuite prédominer dans la pratique de tous les méde-

cins de l'Europe; la polycholie de Stoll donnant à
l'émétique une popularité que la médecine allemande
s'efforce de faire partager au calomel, au phosphore et
autres spécifiques; les cures de Morton, de Torti, de
Verloff, faisant du quinquina le remède universel;
Broussais enfin ramenant les médecins à la saignée
discréditée par le Brownisme, et plus particulièrement
aux saignées locales. Mais, hélas ! la doctrine physiologique, après quelques années d'un éclatant succès, voit,
elle aussi, son règne brillant finir dans l'indifférence et
l'oubli.

Depuis sa décadence, nulle méthode générale n'ayant
prévalu, la thérapeutique a vacillé dans le doute; les
spécifiques se sont partagé la faveur publique. Nos
grands maîtres en sont revenus les uns à l'empirisme,
les autres à l'expectation hippocratique. Se fondant sur
cet axiome qu'une maladie connue est à moitié guérie,
on s'est appliqué particulièrement à perfectionner le
diagnostic, en sorte qu'il est aujourd'hui plus difficile
de guérir que de reconnaître sûrement les maladies. Les
voies nouvelles, ouvertes par les observations histologiques et par l'expérimentation sur les animaux, con-
duiront-elles, dans un avenir plus ou moins prochain,
les médecins à la possession de moyens curatifs qui
placent enfin la thérapeutique au niveau des autres
parties de la science? Verrons-nous se vérifier les
prédictions de Cabanis que Broussais rappelle à la fin
de son Examen, espérant sans doute qu'il lui sera

donné de réaliser ce progrès décisif? Quoiqu'il en soit,
comme il ne faut jamais désespérer de l'avenir, nous
reproduisons à notre tour les promesses consolantes
de l'auteur du *Traité du degré de certitude en médecine.*

« Oui, j'ose le prédire, avec le véritable esprit d'observation, l'esprit philosophique va renaître en médecine, la science va prendre une face nouvelle. On en
réunira les fragments épars, pour en former un système
simple et fécond comme les lois de la nature. Après
avoir parcouru tous les faits, après les avoir revus,
vérifiés, comparés, on les enchaînera, on les rapportera
tous à un petit nombre de points fixes ou peu variables.
On perfectionnera l'art de les étudier, de les lier entre
eux par leurs analogies ou par leurs différences; d'en
tirer des règles générales qui ne seront que leur énoncé
même, mais plus précis. On simplifiera surtout l'art
plus important et plus difficile de faire l'application de
ces règles à la pratique. Alors chaque médecin ne sera
pas forcé de se créer ses méthodes et ses instruments,
d'oublier ce qu'on apprend dans les écoles, pour chercher dans ses propres sensations ce qu'il demanderait
vainement à celles d'autrui, je veux dire des tableaux
bien circonstanciés et d'une vérité scrupuleuse, mais
formant un tout dont les diverses parties soient coor-
données. Alors il ne sera plus nécessaire que le talent
se mette sans cesse à la place de l'art; l'art, au contraire,
dirigera toujours le talent, le fera naître quelquefois,

semblera même en tenir lieu. Non que je croie possible
de suppléer par la précision des procédés à la finesse
du tact et aux combinaisons d'un génie heureux; mais
le tact ne sera plus égaré par des images vagues et
incohérentes, ni le génie enchaîné par des règles frivoles
et trompeuses; ils ne rencontreront plus ni l'un ni
l'autre aucun obstacle à leur entier développement.
Alors des esprits médiocres feront peut-être avec facilité
ce que des esprits éminents ne font aujourd'hui qu'avec
peine; et la pratique, dépouillée de tout ce fatras
étranger qui l'offusque, se réduisant à des indications
simples, méthodiques, acquerra toute la certitude que
comporte la nature mobile des objets sur lesquels elle
s'exerce. »

TRAITÉ

DE PHYSIOLOGIE

APPLIQUÉE

A LA PATHOLOGIE

CATÉCHISME DE LA MÉDECINE PHYSIOLOGIQUE

Les deux ouvrages dont nous venons d'extraire fidèlement la substance sont incontestablement les plus importants qu'ait écrits Broussais, l'un plein de faits et d'observations cliniques qui conserveront toujours un grand intérêt; l'autre curieux à parcourir au point de vue de l'histoire et de la critique médicales. Ceux qui vont suivre, le *Traité de physiologie appliquée à la pathologie* et le *Catéchisme de la médecine physiologique*, ne sont en réalité que des formes diverses sous lesquelles Broussais voulut présenter ses idées, ses préceptes, sa doctrine, et vulgariser son système parmi les gens du monde qui lui prêtaient attention. Parcourons-les rapidement, en évitant le plus possible les répétitions.

Tous les physiologistes admettent l'hypothèse d'une

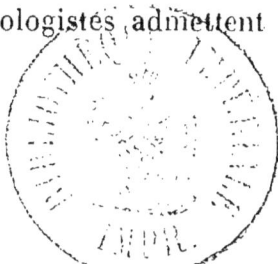

force ou puissance vitale qui préside à la formation, au développement et à la conservation de l'individu, phénomène absolument inconnu dans son essence, mais qui se manifeste à nos sens par des changements de formes dans la matière, en mettant en jeu ce qu'on appelle les propriétés vitales, la contractilité et la sensibilité. La première, seule apparente dans les tissus, se manifeste par leur condensation et le raccourcissement des fibres qui les composent. Lorsque cette contraction a lieu, l'on juge que la fibre a senti l'action de l'agent qui la provoque. La sensibilité n'est donc démontrée que par la contraction. Quant à la sensibilité perçue, sensibilité animale de Bichat, elle est un des résultats de l'exercice de nos fonctions.

Les lois vitales consistent en un certain nombre de phénomènes généraux, communs à tous les tissus, et qui s'observent avec tant de constance et de régularité qu'ils paraissent être inséparables de la vie. Ainsi, la contractilité est modifiée par les corps extérieurs qui sont en contact avec l'économie. Lorsque les mouvements organiques de contractilité s'accélèrent sur un point, les fluides y sont attirés; la densité, souvent même le volume du tissu s'accroissent; il s'y produit une sorte d'érection vitale qui constitue l'irritation, la sur-excitation, lorsqu'elle s'élève à un certain degré. Dans toute érection vitale, il y a augmentation des phénomènes de la chimie vivante, de température, de nutrition, de sécrétion quand l'organe en est susceptible.

Si les érections vitales se dissipent plus ou moins promptement, ce qui est le plus ordinaire, les phénomènes vitaux se trouvent être moins prononcés qu'avant leur développement. Sinon, ces érections passent à l'état de spasme organique repoussant les fluides, ou bien elles s'élèvent au degré de l'inflammation.

Les érections vitales, irritations, sur-excitations, développées dans un point quelconque de l'économie, ne peuvent atteindre un certain degré sans être transmises à d'autres points, avec des variétés relatives soit au siége primitif de l'érection vitale, soit au point qui la reçoit secondairement, soit à la densité des tissus, à l'abondance des vaisseaux et des nerfs. Cette transmission a lieu par l'intermédiaire du tissu nerveux interposé entre les organes et le centre cérébro-spinal. L'irritation transmise est de même nature que l'irritation primitive. Les agents qui développent les phénomènes de la vitalité dans nos tissus, tantôt exaltent directement ces phénomènes, tantôt commencent par les diminuer ou les rendre moins saillants; après quoi on les voit reparaître avec plus d'intensité qu'ils n'en avaient avant leur diminution : c'est là ce qui constitue la réaction vitale.

Les lois physiques, de même que celles de la chimie brute, sont modifiées par les lois vitales : l'attraction, la pression atmosphérique, sont contre-balancées par l'action musculaire. Le galvanisme et l'électricité manifestent pendant la vie des effets excitants qu'on observe primitivement dans le système nerveux, puis dans les tissus où les nerfs vont se terminer. Si l'action de ces agents est lente et modérée, il en résulte une augmentation de la contractilité musculaire, l'accélération de la circulation, une calorification plns considérable, une absorption assez énergique pour que les engorgements lymphatiques en soient quelquefois dissipés dans l'espace de quelques minutes. Mais s'ils agissent avec un certain degré d'intensité, ces impondérables éteignent la vie, et laissent le corps plus prompt à se décomposer qu'après les morts ordinaires.

L'homme ne vit et ne se conserve qu'en vertu des relations qu'il entretient avec les corps extérieurs, sous l'influence des besoins perçus par le cerveau, grâce au double intermédiaire des surfaces de rapports, l'une interne, composée des muqueuses aérienne et digestive, l'autre externe, où les sens s'épanouissent, et liées entre elles par le centre nerveux encéphalo-rachidien. Les sympathies qui jouent un si grand rôle dans la doctrine physiologique, sont le résultat de la réflexion de l'action d'un organe sur un autre par le moyen des nerfs. Les muqueuses sont des sens internes d'où partent les besoins pour arriver au centre cérébral, lequel se détermine à l'action en raison de l'influence venue des viscères. Voltaire disait donc fort justement, avant Broussais, que l'estomac gouverne la cervelle. L'instinct est le résultat de cette influence viscérale; mais les suggestions émanant de cette source sont appréciées, modifiées ou combattues par l'appareil encéphalique chargé des facultés intellectuelles qui, bien constitué et convenablement exercé par l'éducation, acquiert assez de prédominance sur les sens internes pour que les volitions obéissent plutôt à l'intellect qu'à l'instinct.

Le nerf grand sympathique associe entre eux les viscères des trois grandes cavités; il fournit aux artères des nerfs propres qui se fondent dans leurs tuniques; ce sont les nerfs vaso-moteurs aujourd'hui bien étudiés, qui remplissent un rôle important dans les nouvelles théories de l'inflammation et de l'irritation. Le grand sympathique soutire la stimulation du centre cérébro-spinal au profit des muscles qui sont au service des organes; d'autre part, il reçoit la stimulation des tissus dans lesquels il se répand, et la transmet au même centre nerveux pour obtenir les mouvements nécessaires à la satisfaction des besoins de la vie. Enfin il soustrait à la volonté l'action des muscles viscéraux. Voilà donc, croyons-nous, déjà bien connus et bien décrits autrefois, les phénomènes désignés maintenant sous la dénomination d'action réflexe, et qui donnent la clef des relations sympathiques des organes entre eux.

En 1823, l'existence du suc gastrique, véhicule de la pepsine, étant encore niée par quelques physiologistes qui le considéraient comme de simple mucus, Broussais démontra par des considérations empruntées à l'anatomie comparée, que ce liquide est réellement un ferment sécrété par des glandes autres que celles qui fournissent le mucus. Il voit dans la transformation de la matière alimentaire en chyme une opération de la chimie vivante, que l'on constate, mais qu'on ne saurait démontrer. Il entend par chimie vivante : « Cette affinité élective qui attire certaines molécules de la matière mobile vers d'autres molécules de la matière fixe, et qui constitue le phénomène fondamental des fonctions organiques. On s'est élevé contre cette expression en alléguant que cette chimie n'obéit pas aux mêmes lois que celle des corps inertes; mais c'est précisément cette différence qui constitue la chimie des corps organisés. »

Broussais déclare au reste avoir emprunté les mots de chimie vivante à l'illustre Fourcroy, parce qu'il les croit propres à établir une distinction nécessaire entre ces phénomènes intimes d'agrégation et de désagrégation et les autres phénomènes organiques de Bichat. Quoiqu'il en soit de la valeur de l'expression, ces affinités vitales agissant sur les fluides poussés dans toutes les directions, changent les combinaisons des molécules circulantes, en attirent quelques-unes vers la matière fixe, d'où la nutrition; en détachent d'autres de celle-ci pour les rendre à la matière mobile, ce qui constitue la désassimilation; enfin produisent aux dépens de cette matière mobile les fluides dont se composent les sécrétions et les exhalations.

Si Broussais n'a pas connu les lois de l'endosmose et de l'exosmose formulées avec précision par Dutrochet, il les a nettement entrevues dans l'accomplissement du double phénomène d'assimilation et de désassimilation qu'il attribue à l'affinité organique ou chimie vivante. « Il faut absolument, dit-il, admettre que les fluides qui nourrissent les parois des vaisseaux passent entre leurs molécules par imbibition, cessant ainsi d'être contenus dans ces vaisseaux. C'est de la même façon que s'opère le passage des molécules du sang dans les interstices de la matière animale non vasculaire. C'est dans ces interstices, traversés à l'allée et retour par les fluides nutritifs, c'est là et non dans les vaisseaux, que doivent s'opérer toutes les transformations de la matière animale; elles s'y font plus ou moins promptement selon la vitalité des tissus, et c'est ce qui détermine la durée du passage des fluides. Cette durée n'est donc pas soumise à l'impulsion du cœur, ni même à celle des tuniques des vaisseaux capillaires; c'est bien elle, au contraire, qui règle cette dernière; et si l'on voit les capillaires s'agiter vivement dans un tissu phlogosé, c'est que les mouvements de transformation soit nutritifs, soit sécrétoires, sont primitivement accélérés dans la matière animale à laquelle ils offrent le sang

« Tel est le mécanisme suivant lequel se produit, sous l'influence d'une inflammation locale, le phénomène pathologique appelé fièvre. La stimulation née dans le point malade commence par appeler abondamment le sang vers son foyer, et par accélérer le mouvement de ses molécules sans que le cœur y participe encore. Parallèlement, elle renvoie par le système veineux plus de sang qu'il n'en revenait auparavant; puis elle s'accroît elle-même, et se réfléchit sur le cerveau et sur le cœur. Aussitôt, celui-ci précipite ses contractions, et le sang est versé en abondance dans tout le tissu capillaire. »

Le régime alimentaire occupait une place importante dans la thérapeutique de Broussais, et la tempérance était à ses yeux une des conditions essentielles de la conservation de la santé. « Point de longévité, disait-il, pour les gourmets et les buveurs : entérites chroniques, lésions organiques du foie, goutte, néphrite calculeuse, sub-inflammations cutanées, propagation de l'inflammation du cardia au poumon gauche, du pylore et du foie au poumon droit, d'où peut résulter la phthisie; aliénation mentale, suite fréquente du délire hypochondriaque, tels sont les terribles effets de l'abus de la bonne chère et du bon vin. Ajoutez-y ceux des médicaments destinés à stimuler l'appétit et la digestion, les purgatifs, les antiglaireux, les antigoutteux, et vous comprendrez pourquoi la longévité est si rare parmi les riches, les potentats, les oisifs voluptueux et tous ces prétendus épicuriens qui ont si bien accueilli le système de Brown.

« D'un autre côté que voit-on ? ajoute l'observateur

impartial. Des aliments fades, insuffisants, des végétaux, des fruits, sont reçus dans un estomac dont ils ne
sollicitent pas assez l'action digestive; ils sont mal
digérés, prennent en partie la qualité de corps étrangers,
provoquent dans les intestins des coliques et des mouvements d'expulsion. Voilà la diarrhée d'indigestion,
dont on prévient la récidive par les toniques et surtout
par le vin rouge. L'effet de ce breuvage est si puissant
qu'il apaise les coliques, suspend la diarrhée et achève
l'assimilation des matières chymeuses déjà sorties de
l'estomac. J'ai vu souvent entrer dans nos hôpitaux, à
la suite de marches pénibles et de privations, des soldats immobiles, desséchés, taciturnes, étant comme
dans une espèce d'imbécillité. Après m'être assuré que
cette adynamie n'était pas le résultat d'une gastro-
entérite, je leur donnais du vin, d'abord avec fort peu
d'aliments; j'augmentais progressivement la dose de
ces toniques, et bientôt j'avais la satisfaction de les voir
rétablis. En effet, ce sont les boissons fermentées et
alcooliques que la nature appète dans ces circonstances,
sans doute parce qu'elles portent avec plus de rapidité
que les toniques fixes la stimulation dans toute l'étendue
du système nerveux, et réparent promptement les pertes
qu'il a souffertes. En résumé, point d'intempérance,
mais aussi point d'aveugle exclusion. »

Dans le chapitre consacré à l'absorption, Broussais
revendique en faveur de la doctrine physiologique la
découverte des rapports existant au point de vue patho-

logique entre les ganglions mésentériques et la surface muqueuse gastro-intestinale, ainsi qu'entre le foie et le duodénum : point de ganglionite mésentérique qui n'ait été précédée d'entérite.

Selon cette doctrine, la métastase est le résultat du transport de l'irritation d'un lieu à l'autre; les diathèses sont des habitudes contractées par l'économie, qui rendent les récidives très-faciles sous l'influence des causes ordinaires; les crises consistent en des évacuations plus ou moins copieuses, provoquées par la sur-excitation des éliminateurs et des sécréteurs, avec l'intermédiaire de l'appareil nerveux viscéral et sous l'influence de la stimulation de l'estomac, centre des principaux cordons du grand sympathique. C'est ainsi qu'un accès de fièvre intermittente se termine par des sueurs, et que les gastrites modérées finissent par des évacuations variées.

Dans l'énumération des usages de la graisse, nous remarquons le passage suivant où Broussais manifeste sans détour son goût pour l'embonpoint : « On considère avec raison la graisse comme concourant à la beauté et aux sensations voluptueuses attachées au rapprochement des sexes. Elle donne effectivement de la rondeur aux formes, de la suavité aux contours, et c'est à elle surtout que les femmes doivent leurs charmes les plus séduisants. On la voit s'accumuler à l'époque de la puberté autour des organes qui doivent servir à la généraration, comme pour indiquer la prédominance d'action

qu'ils viennent d'acquérir et décéler leurs usages. En
un mot, ce produit est l'ornement de la nature humaine,
tandis que son défaut inspire l'idée de la faiblesse, de
la misère et de la mort. »

Nous terminerons cet examen du traité de physiologie
par l'indication des limites qui, suivant l'auteur, séparent cette science du domaine de la métaphysique. « Les
lois physiques et chimiques, les lois vitales, l'instinct,
l'intelligence, constituent autant de phénomènes dont
les modifications de la matière donnent l'idée, mais
qu'il est impossible de confondre avec elle. Là se trouve
la ligne de démarcation qu'il n'est pas permis au physiologiste de dépasser; aller au delà serait entrer dans
le domaine de la métaphysique; c'est bien assez pour
lui de distinguer la matière de ce qui la fait mouvoir,
et d'étudier les phénomènes intellectuels comme causes
ou résultats des modifications de la matière vivante.
Sans doute il peut concevoir la pensée, abstraction tirée
de l'homme pensant, comme différant des organes
auxquels elle se rattache; mais non comme préexistant
à ces organes et comme indépendante de leur action.
Que le métaphysicien pur, que le théologien qui s'ap-
puie sur la révélation séparent dans leurs études abstraites l'intelligence de la matière, cela peut convenir
au but qu'ils se proposent; mais le physiologiste ne
saurait utilement isoler la fonction des organes. »

Le *Catéchisme*, sorte de conférence offerte aux gens du
monde, entretient le lecteur, dans les vingt premiers

dialogues, de toutes les matières de la pathologie, et
dans le dernier, des théories médicales ayant cours, et
notamment de la doctrine physiologique. Le jeune médecin que Broussais met en scène passe en revue tour à
tour les fièvres, les phlegmasies du poumon, l'apoplexie, la gastrite et l'entérite chroniques, l'hypocondrie, la dyssenterie, la péritonite, la goutte et le rhumatisme. Puis, il envisage les dartres comme une des formes
de l'inflammation de la peau, tantôt accompagnant,
tantôt remplaçant l'irritation d'un autre organe, mais
n'impliquant jamais l'existence d'une humeur dartreuse.
On peut les combattre par les dépuratifs, les sudorifi-
ques, les purgatifs, dont on surveille les effets afin d'y
renoncer lorsque les organes digestifs paraissent en
souffrir. Les affections scrofuleuses sont des sub-inflammations constituant une diathèse particulière, et qui se
manifestent de préférence dans les tissus ou le système
sanguin a le moins de prédominance, tels que les vaisseaux lymphatiques, les ganglions sous-cutanés et les
os, principalement dans leurs parties spongieuses.

Cinq chapitres ou dialogues sont consacrés aux névroses et aux névralgies : névroses de relation, chorée,
épilepsie, suites de l'irritation du cerveau ; névroses
d'ab-irritation ou passives, causées par engorgement,
ramollissement, suppuration, désorganisation de l'encéphale, telles que les paralysies et l'apoplexie. Puis,
névroses des fonctions intérieures, résultant de l'irritation
idiopathique ou sympathique du grand sympathique :

tétanos, spasmes viscéraux, asthme nerveux, angine de
poitrine, hystérie. « En général, ajoute le jeune médecin
physiologiste, ces états pathologiques réclament rarement les évacuations sanguines ; on les combat efficacement par les adoucissants, le régime antiphlogistique
et, lorsque l'irritation locale est détruite, par les antispasmodiques, le camphre, le musc, l'opium, l'assa-
fœtida, la valériane, le zinc, employés avec prudence, et
surtout par l'exercice musculaire, la distraction, les
voyages, et par la ferme volonté de ne plus se laisser
aller aux impulsions qui déterminent les convulsions. »

Quoique considérant les fièvres intermittentes comme
des irritations viscérales à retour périodique, Broussais
était un praticien trop consciencieux et trop éclairé,
pour méconnaître l'efficacité de l'agent antipériodique
par excellence. Aussi conseille-t-il d'administrer hardi-
ment entre les accès le quinquina ou tout autre stimulant. « Car le quinquina est le remède le plus sûr qu'on
puisse opposer à la périodicité, surtout quand on l'administre sous la forme de sulfate de quinine. On l'emploie
aussi, tant en lavements qu'à l'extérieur, dans les cas où
l'irritabilité de l'estomac repousse les stimulants.
S'agit-il des fièvres pernicieuses où la congestion intermittente peut tuer en un instant, que le médecin se
garde bien d'extraire du sang ; au risque de produire
une gastrite. il faut avoir recours au quinquina, puisqu'il est sans contredit le plus puissant stimulant qu'on
puisse opposer à la périodicité d'irritation. »

Les maladies par débilité ne sont point oubliées dans le livre que nous analysons, et le traitement qui leur est assigné n'a rien d'exclusif. Nous y voyons en effet que « dans les hydropisies qui résultent de l'épuisement des forces, des pertes de sang abondantes, de convalescences difficiles, chez des malheureux privés longtemps d'une alimentation suffisante, les purgatifs drastiques, le jalap, la scammonée, la gomme-gutte et les diurétiques puissants tels que la scille, le vin blanc, les boissons alcooliques et plusieurs plantes âcres, ont procuré des guérisons que l'on avait en vain tentées par des médications moins énergiques. Il est d'autres cas nombreux où les stimulants doivent être employés avec succès.

« D'ailleurs, remarque Broussais, la débilité dans les maladies est le phénomène qui préoccupe le plus les patients. Dans les progrès du mal, l'homme ne signale que ceux de la faiblesse; s'il ne peut digérer, il se plaint de la faiblesse de son estomac; si le mouvement de ses membres est pénible, il s'en prend à la diminution générale de ses forces; si la respiration est gênée, il vous dit qu'il n'a pas la force de respirer; s'il est constipé, il en accuse la paresse, c'est-à-dire la faiblesse de sa faculté d'exonération, parce qu'il a remarqué l'impuissance de ses efforts; il pense et s'exprime de la même manière sur le dérangement de toutes les autres fonctions. Et comme il est accoutumé dans l'état de santé à recouvrer ses forces par l'usage des aliments et des boissons fermentées, il a d'abord recours dans ses maladies

à ces mêmes moyens. Après les fortifiants, ce que
l'homme sain ou malade désire le plus, c'est l'évacuation, toujours dans l'espoir qu'après l'avoir obtenue il
pourra remonter ses forces par l'alimentation. La débilité ne doit donc pas être négligée; mais lorsqu'elle
reste seule à détruire, il importe encore de procéder à
la restauration avec prudence, en commençant par les
fortifiants les plus légers pour s'élever graduellement
aux plus énergiques. »

Le catéchisme est terminé par une histoire abrégée
de la doctrine physiologique, des obstacles qu'elle ren-
contra de la part des corps savants, des progrès qu'elle
fit néanmoins parmi les jeunes médecins d'abord, puis
dans toute l'Europe et l'Amérique ; enfin, par sa comparaison avec d'autres méthodes qui lui faisaient une rude
concurrence et dont Broussais trace ainsi le tableau :

« L'éclectisme consiste à ne s'assujetir à aucune doctrine, et à choisir dans toutes ce qui paraît conforme à
la raison et à l'expérience individuelle. Mais c'est un
pis aller déplorable, puisqu'il fournit la preuve la plus
complète de l'imperfection des doctrines médicales; en
un mot, c'est l'anarchie de la science. Que penser en effet
d'une science dans laquelle on confesse que le parti le
plus prudent est de ne rien croire; d'une science qui
ne porte point en elle-même le caractère de la vérité;
contre laquelle il faut être toujours en garde, pour éviter l'erreur et le délit? Les pères de l'éclectisme osent
recommander à leurs disciples de se former chacun une

doctrine particulière, en étudiant les systèmes innom-
brables qui tour à tour ont défiguré la médecine; ils
leur supposent, au début de leur carrière, un jugement
plus solide que ne le fut celui de tous les fondateurs en
médecine! Dire à ces jeunes gens : formez-vous une
doctrine aux dépens de tous les auteurs sans vous atta-
cher à aucun d'entre eux, c'est leur dire : la médecine
n'est point une science, c'est un amas de préceptes plus
ou moins bons, de pratiques plus ou moins mauvaises;
accommodez-vous-en le mieux que vous pourrez, et tâchez
d'être un jour ce que nous n'avons pu devenir nous-
mêmes, c'est-à-dire de vrais médecins.

« Mais il y a plus : des conditions que l'éclectisme
prétend imposer à ses adeptes, les unes demandent
l'impossible, les autres sont d'avance acceptées par tout
le monde. En effet, sauf un petit nombre d'esprits enthousiastes ou paresseux, disposés à ne jurer que sur la
parole du maître, il n'est personne qui ne se réserve la
liberté de butiner à son aise dans le domaine de la
science, qui ne se croie capable de choisir, entre les diverses opinions ayant cours, celles qui lui paraissent
les mieux fondées ou tout au moins les plus probables.
Or, quelque indépendantes que soient les idées particulières de chacun, elles rencontrent nécessairement chez
autrui des idées analogues; et comme les idées justes ne
peuvent manquer de rallier le plus grand nombre des
croyances, elles donnent naissance à des principes, à
des dogmes dont l'assemblage devient la doctrine de

tous ceux qui les partagent, et voilà sinon l'école, au moins la secte fondée sur la communauté d'un certain nombre d'opinions individuelles. Donc l'éclectisme n'est qu'un état d'attente qui doit disparaître, aussitôt que l'on possédera un système ou si le mot déplaît, un arrangement régulier des faits destiné à en faciliter l'étude, à soulager la mémoire et à substituer l'ordre au chaos.

« Les empiriques en médecine ont beaucoup de rapports avec les éclectiques. Ils rejettent tous les systèmes, toutes les explications tirées de l'état physiologique des organes; ils ne veulent voir que le symptôme et le remède qui lui convient, et se flattent de n'agir que d'après l'expérience. Ils donneront bien l'explication des maladies qu'ils connaissent; mais comme il en existe un nombre immense qu'ils ne connaissent pas, ils ont imaginé, pour dissimuler leur ignorance, de professer qu'aucune maladie n'est parfaitement connue, et que toutes peuvent être traitées sans qu'on se mette en peine d'en déterminer la nature. L'empirisme dut être la première médecine du genre humain, car l'homme cherche les moyens de se soulager avant de connaître la nature de ses maladies. Mais à mesure que l'anatomie, la physiologie et l'observation des influences extérieures ont fait des progrès, l'empirisme a dû perdre de son crédit; et tout fait espérer qu'il finira par disparaître avec l'éclectisme. »

DE

L'IRRITATION ET DE LA FOLIE

En écrivant le livre que nous allons examiner maintenant, Broussais se proposait d'opposer à la philosophie éclectique, alors florissante sous le drapeau de Victor Cousin, une doctrine fondée non-seulement sur les faits que fournit la physiologie, mais encore sur les modifications que les maladies impriment au moral de l'homme. Aussi déclare-t-il qu'il n'appartient qu'aux médecins de déterminer ce qu'il y a d'appréciable dans la causalité des phénomènes instinctifs et intellectuels, et de dicter des lois à l'idéologie.

« Déjà Cabanis avait fait faire un grand pas à cette science en démontrant la puissante influence des viscères sur la pensée, tandis qu'avant lui la possession de cette influence n'était reconnue qu'aux sens externes. Mais au lieu de suivre les données de Cabanis, le kanto-

platonisme s'appuyant sur une prétendue observation
intérieure qu'il place bien au-dessus de l'observation par
les sens, nous a fait rétrograder vers l'antiquité. Dédai-
gnant les moyens d'investigation que notre organisation
matérielle nous permet, cette école n'a d'attention que
pour les forces qui l'animent. Or, qu'est-ce qu'une force
en général sinon l'induction, tirée par l'observateur, de
quelque chose qui agit sur un corps ou dans un corps
pour lui faire subir des changements; une hypothèse
qui nous porte à juger de ce que nous ne savons pas par
ce que nous croyons savoir? Mais c'est là que s'arrête
le fait. L'homme chez qui le jugement l'emporte sur
l'imagination se contient et gémit d'être forcé de demeu-
rer dans l'ignorance des causes premières. Pour celui-là
le mot force n'est qu'une formule, le signe d'une perception qu'il a reçue à l'occasion d'un phénomène, et il
ne s'en sert que pour en chercher d'autres que ses sens
puissent également saisir.

« Il n'en est pas de même de l'homme à imagination
prédominante, de l'esprit poétique, du Platon moderne.
Crédule d'abord, mais surtout orgueilleux et ne pouvant, selon le conseil d'Helvétius, avoir le courage
d'ignorer ce qu'il ne peut savoir, il passe du soupçon
vague à la conviction la plus entière. Il fait plus : il se
hâte de réaliser l'induction, il la personnifie, il la fait
agir comme un être animé, vivant, comme un homme
en un mot; puis il bâtit un roman dont cette induction
devenue chose palpable est le héros, et s'indigne contre

celui qui lui refuse son hommage. Ajoutons que le philosophe en question se qualifie de spiritualiste, tandis qu'il flétrit du nom de matérialiste celui qui restreint le domaine de la science à la limite des faits. »

Il n'est point de conciliation possible entre les physiologistes qui tendront toujours à ramener la métaphysique aux faits accessibles à nos sens, et les psychologistes qui prétendent fonder leur philosophie sur ce qu'ils appellent les faits de conscience, faits que l'homme découvre par la méditation, par la réflexion, par l'observation intérieure de soi. C'est à chacun de nous, inspiré par la tournure de son esprit et par la nature de ses sujets d'étude, de choisir pour base de ses idées abstraites soit l'intuition, l'inspiration, l'hypothèse, la foi ; soit l'observation positive des faits sensibles, la réalité des phénomènes constatés par la science, et par la science exclusivement. Il va sans dire que Broussais défend la cause de ce dernier parti : j'ajoute qu'il déploie dans son argumentation une logique puissante, énergique, inspirée par une profonde conviction, et je crois qu'il n'est personne qui ne doive adhérer à cette conclusion : « Le sage, en réfléchissant sur la manière dont lui viennent ses connaissances, acquiert bientôt la preuve que son organisation ne lui permet pas de connaître la cause première de cette organisation ; il la range dans la classe des causes premières qui toutes sont inaccessibles, ou si l'on veut dans la cause générale unique. Il se soumet donc, il réprime ses désirs indiscrets et consacre ses facultés à l'acquisition de connaissances utiles. »

Rappelé dans la lutte par des publications nouvelles de Damiron et de Cousin, et répondant aux arguments de ces deux savants, Broussais maintient « que les explications des psychologistes sont des romans qui n'apprennent rien de nouveau ; qu'ils n'ont aucun moyen de donner les explications qu'ils promettent; qu'ils sont dupes des mots qu'ils emploient pour disserter sur des choses incompréhensibles; que les physiologistes sont les seuls qui puissent parler avec autorité sur l'origine de nos idées et de nos connaissances; enfin que les hommes étrangers à la science de l'organisation animale doivent se borner à l'étude des phénomènes instinctifs et intellectuels, dans leurs rapports avec les différentes manières d'être de l'état social.

« L'élévation des sentiments ne peut rien perdre à cette réserve, car, d'une part, le respect pour le moteur suprême n'en sera point affaibli; la cause divine ne gagne rien à être revêtue des attributs de l'humanité; elle ne peut que perdre à ce travestissement aux yeux du véritable philosophe, et tôt ou tard, il est inévitable que le peuple arrive aussi à en dévoiler l'artifice. D'autre part, il y a dans l'homme des mobiles assez puissants pour le porter au bien, au juste, au sublime; et ces mobiles sont réels, tandis que ceux que certains philosophes essaient de lui fournir par la doctrine des absolus, doivent, comme hypothétiques, tomber un jour dans le discrédit. »

Après avoir démontré par le raisonnement, fondé sur
l'indispensable témoignage des sens, que l'appareil nerveux, encéphale, moelle et nerfs, est lui-même le principe de tous les phénomènes d'instinct, de sensibilité, de
perception, de volonté, d'intelligence, en un 'mot, et
qu'on ne saurait imposer à cet appareil un principe
dominateur étranger, sans transporter, par la pensée,
dans l'intérieur du cerveau, des scènes du monde matériel dont les sens ont seuls pu donner une idée, Broussais explique successivement comment la perception
cérébrale fournit les matériaux de toutes nos opérations
instinctives et intellectuelles; comment les émotions de
la sensibilité deviennent les mobiles de tous nos actes;
de quelle manière l'observation née de la perception
développe nos facultés et quelles sont ces facultés; comment la volonté et la liberté se rattachent à cette même
perception; enfin, comment les perceptions intellectuelles s'associent aux émotions instinctives et en quoi
consistent les passions.

Tous les phénomènes de l'intellect et de l'instinct, mis
en jeu par l'excitation des nerfs, sont eux-mêmes des
excitations du centre encéphalo-rachidien, et leur existence suffit seule pour attester l'excitation de l'appareil
nerveux central. Or, l'irritation n'étant que l'exaltation,
l'exagération, la déviation de l'excitation physiologique,
cette sur-excitation, selon le degré qu'elle atteint, peut
constituer soit un état normal, soit un état pathologique.
C'est ainsi que la folie se rattache au phénomène de

l'irritation, dont, au reste, nous croyons devoir négliger l'histoire, appuyée sur des développements très-ingénieux, mais qui, peut-être, paraîtraient souvent plus spécieux que fondés sur la réalité.

Broussais définit la folie : « La cessation prolongée du mode d'action du cerveau qui, dans l'état normal, est le régulateur de la conduite des hommes, et auquel tient cette faculté qu'on appelle la raison. Mais il faut que les malades soient en état de s'acquitter en grande partie des fonctions des autres organes, pour qu'on leur donne la qualification de fous. Car on ne considère pas comme tels les frénétiques, ni les malades affectés de phlegmasies aiguës, qui sont aussi dépourvus de raison.

« Le défaut primitif d'excitation ne produisant point de dépravation durable dans l'instinct ou dans l'intellect, la folie ne peut provenir que de la sur-excitation ou irritation de l'encéphale. Au premier rang figurent les causes morales, passions et opérations intellectuelles excessives, dont le mode d'action est tout physique : appel du sang au centre cérébral, érection vitale soutenue, innervation plus active, oubli du sommeil. Après ces causes, propres au cerveau lui-même, les plus influentes sont celles qui proviennent de la réaction sympathique des viscères abdominaux ; combien d'hypocondriaques, de névro-pathiques, ne finissent-ils pas par tomber dans l'aliénation mentale! Souvent les causes morales elles-mêmes ne produisent la folie qu'après

avoir développé et entretenu pendant quelque temps des
phlegmasies gastro-intestinales, comme si l'encéphale
avait besoin, chez certains sujets, de la réaction des viscères pour arriver à un plus haut degré d'irritation.
Riches à la fois en nerfs de relation et en nerfs provenant
du grand sympathique, les organes de la génération ne
sont pas moins susceptibles d'exciter vivement l'encéphale, chez les femmes surtout; et voilà pourquoi les
hystériques et les nymphomanes sont particulièrement
exposées à la folie. »

Selon Broussais, un grand nombre d'aliénés périssent
par l'entéro-colite chronique avec augmentation du
volume du foie. Ceux qui n'ont été ni guéris, ni enlevés
par des complications ou par des maladies intercur-
rentes, finissent leur triste existence dans la démence et
la paralysie générale. On observe chez ces malades après
la mort : inégalité de volume des deux côtés de la tête,
épaississement du crâne, tantôt compacte, éburné ou
fort injecté, tantôt présentant un écartement considérable des deux tables osseuses, ou bien, amincissement
des os parfois durs, parfois fragiles et même friables.
La dure-mère épaissie, endurcie, ossifiée; l'arachnoïde
épaissie, opaque, adhérente quelquefois et recouverte
d'une couche de pus; même état dans les ventricules;
la pie-mère injectée de sang et infiltrée de sérum, parfois
fort épaissie et formant corps avec l'arachnoïde, souvent
adhérente au cerveau, dont les circonvolutions sont alors
affaissées et pressées les unes contre les autres, ou, tout

au contraire, écartées, amincies, abreuvées de lymphe qui en remplit les intervalles.

La pulpe cérébrale est quelquefois luisante et comme imbibée de sérosité; la substance grise est tantôt plus épaisse que de coutume, tantôt peu distincte de la blanche; on trouve alors dans les deux substances ainsi presque confondues, des rougeurs vives dans les cas encore peu éloignés de l'acuité; dans les cas contraires, des marbrures plus ou moins livides ou pâles occupant la périphérie du cerveau. La consistance de cet organe ainsi que celle du cervelet peut être ou plus dense qu'à l'état normal ou très-ramollie, surtout chez les sujets atteints d'épilepsie et de paralysie générale. On observe encore des ramollissements ou des endurcissements partiels, un état squirrheux, des suppurations, des ulcérations d'apparence cancéreuse à la surface externe ou dans les ventricules; des hydatides, des concrétions osseuses ou pierreuses, des épanchements sanguins ou séreux, correspondant aux altérations de l'état chronique aussi bien qu'à celles de l'état aigu, le volume général de la masse encéphalique étant beaucoup moins considérable dans le premier cas que dans le second. Après la paralysie générale, on a de plus trouvé dans les membranes du rachis les mêmes lésions que dans celles du crâne, et quelquefois aussi de profondes altérations dans la substance médullaire et dans les cordons nerveux.

Quand la manie a duré peu de temps, elle ne laisse point d'altérations organiques parce que, selon l'obser-

vation de Gall et de Pinel, la folie est, dans ses pro-
drômes et dans sa première période, simplement nerveuse et due à l'augmentation de l'irritabilité du
cerveau. C'est là aussi ce qu'enseigne la doctrine physiologique, en considérant la forme nerveuse comme
initiale et comme donnant l'impulsion aux autres formes
lorsqu'elles viennent à se produire, c'est-à-dire dans les
cas où l'excitation s'élève jusqu'aux phénomènes de
l'inflammation, de l'hémorrhagie ou de la sub-inflam-
mation, circonstances à la suite desquelles s'opèrent les
altérations que présente l'encéphale après la mort de
certains aliénés.

Les chapitres consacrés au pronostic et au traitement
nous paraissent être parfaitement conformes à l'état
actuel de la science; en voici quelques passages : « On
doit compter beaucoup moins sur les médicaments que
sur les moyens hygiéniques. Il importe d'abord que le
malade soit séparé des personnes avec lesquelles il a
coutume de vivre. S'il reste au milieu des siens, il est
toujours impérieux et plus difficile à conduire; sa fureur
s'exalte par la résistance qu'il éprouve, et s'il voit qu'on
lui obéisse, sa fierté prend un essor extraordinaire.
D'ailleurs, il faut une prompte et imposante répression
pour calmer les accès violents, et cela ne peut être exé-
cuté que par des personnes étrangères. Une résistance
impuissante exaspère les maniaques, mais une force
éminemment supérieure, déployée avec calme et toujours
fondée sur la justice, leur impose à l'instant même et

diminue beaucoup l'impétuosité de l'innervation cérébrale. Car, malgré les illusions qui captivent leur attention, malgré les puissants motifs qu'ils croient avoir de
traiter tout le monde avec hauteur, les fous n'ont pas
perdu toute idée de justice ; un reste du type normal de
l'action du cerveau se conserve ou reparaît de temps à
autre, et leur permet de reconnaître ce qu'il y a d'incon-
venant ou de blâmable dans leur conduite ; et si c'est
toujours à-propos qu'on les saisit, qu'on les enferme,
qu'on les resserre dans le gilet de force, loin d'être exas-
pérés, ils en sont plutôt calmés.

« Aussitôt que l'agitation n'existe plus, le temps de la
répression est passé, mais celui de la réclusion ne l'est
pas encore. Au reste, il faut observer le maniaque, et
l'on aura bientôt compris s'il est prudent de lui laisser
une certaine liberté. On doit surtout exercer une grande
surveillance sur ceux qui ont été travaillés de la manie
du meurtre ou du suicide, car ce penchant est sujet à
renaître après de longues interruptions, et les maniaques
savent dissimuler pour inspirer de la confiance et obtenir
la liberté nécessaire à l'exécution de leurs projets. Leur
sang-froid à cet égard est quelque chose de surprenant.
Que les familles ne croient pas d'ailleurs que le séjour
d'une maison d'aliénés soit un obstacle à la guérison :
les convalescents, les fous tranquilles peuvent, sans se
nuire mutuellement, jouir de la liberté de se promener
en commun, ils font trop peu d'attention aux autres
malades pour en être défavorablement impressionnés.

Et quand ils seraient chez eux, ils n'en voudraient pas
moins à leurs parents, à leurs amis; car ils auraient toujours le motif de la contrainte et de la réclusion pour
exciter leur ressentiment. Ils s'emporteraient également
soit contre l'arbitraire de leurs parents, soit contre la
désobéissance de leurs subordonnés; leur fierté serait
bien plus humiliée de la résistance ou du ton impérieux
de ceux-ci que de l'autorité régulière qui règne dans les
maisons de santé. »

Dans un moment où la claustration des aliénés trouve
d'ardents adversaires parmi beaucoup de personnes
très-influentes, mais incompétentes pour la plupart, il
nous a paru opportun de rappeler l'opinion émise, il y
a près de quarante ans, par un médecin qu'éclairait une
longue expérience, totalement désintéressé dans la question, et non moins ennemi de l'arbitraire qu'ami vrai de
l'humanité. Sans doute la législation doit prévenir tout
abus d'autorité, protéger même au besoin l'individu
contre sa famille, mais sans perdre de vue les intérêts
de toute sorte qui commandent presque toujours de
soustraire immédiatement, sans nul retard et sans for-
malités inutiles, les aliénés aux conséquences de leurs
actes. Nous ne sommes point aliéniste, et pourtant nous
avons rencontré bien des cas où le prompt isolement du
malade était l'unique moyen d'empêcher des catastro-
phes imminentes, et nous croyons, sans doute avec le
plus grand nombre de nos confrères, que les garanties
formulées par la loi du 30 juin 1838 et par l'ordonnance

du 18 décembre 1839, fidèlement exécutées, suffisent pour rassurer même les personnes qui redouteraient les séquestrations politiques.

Un danger bien réel que Broussais signale aux familles ainsi qu'aux magistrats, résulte de l'habileté que possèdent les fous à dissimuler leur état. « Tant qu'ils n'ont point perdu la mémoire et l'attention, ils abandonnent leur série d'idées au moment où on les apostrophe et répondent juste, pour un temps plus ou moins long, aux questions qui leur sont faites ; et ceux qui sont dans ce cas ne doivent pas être jugés sans ressource. Quelque excité que soit le cerveau, la pensée peut être ramenée au type normal par des impressions faites sur les sens, car on observe qu'opérant sur ces impressions, l'intelligence paraît normale, mais qu'aussitôt qu'elle agit sur des souvenirs, elle redevient anormale. En d'autres termes, des impressions sensitives, il résulte des idées conformes au type de la raison, tandis que des souvenirs, il résulte des idées étrangères à ce type. »

Cette remarque fournit pour le traitement une indication précieuse : celle d'agir sur les sens par la musique, par la danse, par certains jeux tendant à distraire l'esprit tout en exerçant le corps, par le jardinage et la gymnastique. On doit au contraire éviter les discussions ayant pour objet de démontrer aux fous qu'ils sont dans l'erreur et qui ne font que les exaspérer, aussi bien que les concessions propres à les confirmer dans leurs chimères. Il n'est pas moins dangereux de les tromper, car ils s'en aperçoivent et ne le pardonnent pas.

« Le premier signe de succès et le plus sûr de tous, dit Broussais, est le retour des affections accoutumées. Tant que le détenu déclame contre les personnes qui lui étaient chères, et qu'il méconnaît les soins de son médécin et de ses gardiens ; tant qu'il se plaint sans fondement, on doit se défier du retour apparent de la raison. Même jugement à porter s'il ne condamne pas ce qu'il a fait dans sa folie. Car une fois guéri, son premier mouvement est de convenir qu'il a été fou, et de blâmer ses extravagances, dont il est rare qu'il ait entièrement perdu la mémoire, mais qu'au contraire il raconte avec les plus grands détails, à l'exception toutefois de ce qui s'est passé dans le plus haut degré de l'agitation, semblable en cela à l'homme ivre ou transporté par la fureur, qui oublie ce qu'il a dit ou fait trop précipitamment pour se livrer à l'observation de lui-même. »

LE

CHOLÉRA MORBUS ÉPIDÉMIQUE

Voulant rattacher le choléra-morbus à sa doctrine, Broussais publia pendant l'épidémie de 1832, un Mémoire dans lequel il rendit compte de ses opinions sur cette maladie, et des résultats de sa pratique en ville, ainsi que des observations recueillies au Val-de-Grâce. C'est ce Traité dont nous allons aborder l'examen.

De même que la peste noire qui ravagea le monde presque tout entier au XVIe siècle, le choléra sévit alors avec autant d'activité dans le nord que dans les pays équatoriaux, sous toutes les latitudes et dans toutes les saisons, différant en cela de la fièvre jaune, autre sorte de typhus, dont le développement exige une température élevée jointe à des émanations putrides. L'auteur note aussi cette circonstance : qu'on observa, cinq semaines avant l'apparition de l'épidémie, une grande irritation du tube intestinal chez les malades ordinaires, et que les dérangements des fonctions digestives précédèrent presque toujours l'invasion du choléra. Cependant, il débuta quelquefois par des troubles appartenant aux centres nerveux : vertiges, stupeur subite, perte de connaissance, absence de diarrhée. Mais si ce début n'était pas mortel, il était bientôt suivi de vomissements douloureux et de selles cholériques. Ces observations de Broussais ont été de tous points confirmées ultérieurement.

Les symptômes et la marche de la maladie sont assez connus : nous n'en parlerons pas. Mais nous croyons utile de consigner les résultats des nombreuses autopsies opérées au Val-de-Grâce par le jeune sous-aide Husson fils :

« Tête : méninges très injectées, le cerveau l'étant moins que les membranes si le sujet a succombé prómptement ; c'est l'inverse quand la maladie a duré plus longtemps. Quelque peu de sérosité dans les ventricules ; tissu cellulaire sous-arachnoïdien quelquefois infiltré de sérosité, rosée en plusieurs cas. Cerveau plutôt ferme que mou, substance grise plus foncée que d'ordinaire. Rien à la moelle ; injection plus ou moins forte des membranes.

« Poitrine : poumons vides d'air, réduits de volume, violets en arrière, gorgés de sang noir et visqueux. Cœur souvent gonflé de sang veineux, liquide dans le ventricule gauche qui est dur, en caillots dans le ventricule droit lequel est flasque ; taches rouges, violettes, ecchymosées, répandues sur le bord gauche du cœur et sur l'oreillette de ce côté ; membranes externe et interne sans altération. Le sang contenu dans les artères est fluide, celui des veines est très-épais et mêlé de nombreux caillots. Le pharynx, quand on l'examine, est de couleur violette sans inflammation de la muqueuse.

« Abdomen : péritoine moins humide que de coutume. La couleur des intestins à l'extérieur ordinairement rose, quelquefois brune et tirant sur le vert bronze aux points où l'inflammation a été la plus vive, et lorsque la mort est survenue avant les secours. L'estomac, le plus souvent dilaté, est enduit intérieurement d'une matière muqueuse qui, détachée par petites portions et suspendue dans les liquides vomis, leur donne la couleur laiteuse et l'aspect floconneux. La membrane, débarrassée de ce produit de sécrétion morbide, est plus ou moins rouge ou rose, avec injection des vaisseaux et légères arborisations. Les intestins grêles sont en général d'autant plus enflammés qu'on s'éloigne davantage de l'estomac. La muqueuse est rose et tapissée de l'enduit muco-purulent floconneux s'ils contiennent des liquides abondants, et, dans le cas contraire, rouge violacée, ecchymosée et sensiblement ramollie si la maladie a duré un certain temps. Fort souvent, dans le cas de sécheresse du canal, on voit les plaques de Peyer et les follicules isolés rouges sans gonflement ni ramollissement ; et quand il existait antérieurement une inflammation chronique, rouges ou gris et ramollis. Alors

9

aussi les ganglions mésentériques sont engorgés, tendant à la tuberculisation ou imprégnés de matière calcaire. Lorsqu'il existait des vers lombrics, la rougeur était toujours assez marquée et les plaques de Peyer y étaient plus prononcées. Même observation en ce qui concerne le gros intestin où l'on a plus fréquemment trouvé des plaques gangréneuses et l'odeur caractérisique de la gangrène.

« Le foie sain, gorgé de sang noir, la vésicule presque toujours gonflée par une bile comparable à du goudron fondu. La rate petite plutôt que grosse, moins gorgée de sang que les autres organes. Le pancréas à l'état normal. Les reins ordinairement colorés, injectés de sang noir, la vessie le plus souvent contractée, d'autre fois distendue par l'urine chez les sujets morts pendant l'état comateux qui succède au choléra. »

Les mêmes lésions cadavériques furent observées par des médecins de toutes les opinions : Serres, Guéneau de Mussy, Renaudin, Rochoux, Rayer, Velpeau, Scouttcten, etc. Une prime fut offerte par M. Bouillaud à qui lui présenterait les organes digestifs d'un cholérique dans un état parfaitement sain. C'est donc avec l'assentiment d'un grand nombre de confrères que Broussais put conclure de ses observations : que le choléra-morbus est une inflammation qui attaque le canal digestif dans toute son étendue, et dont le principal élément anatomique est une congestion sanguine de l'abdomen extrêmement rapide et non moins intense. Si quelques

personnes méconnaissent ici la phlegmasie, c'est qu'elles
s'appuient sur les cas où les évacuations abondantes ont
en quelque sorte lavé la muqueuse, et remplacé la rougeur écarlate par une nuance moins foncée; c'est encore
qu'elles ont eu sous les yeux les corps de sujets ayant
succombé rapidement à la sidération qui frappe les
centres nerveux, et qui ne donne pas le temps aux phénomènes abdominaux de se produire. « Toutefois, ajoute
Broussais, il ne faut pas considérer cette maladie uniquement sous le rapport de l'inflammation, laquelle
ainsi que dans la variole, est l'effet d'un agent inconnu
ou présumé que nous ne pouvons neutraliser. Mais s'il
ne nous est pas toujours permis d'éviter cette cause première, nous connaissons et nous pouvons le plus souvent
écarter les causes prédisposantes et secondaires. »

On peut prévoir que, sans méconnaître les services
que rendent effectivement les stimulants, le professeur
du Val-de-Grâce adoptera de préférence la méthode
antiphlogistique, déjà mise à l'épreuve avec succès tant
à Pondichéry par le docteur Gravier, qu'à Paris en 1831
par ses collègues Gasc, Treille et Damiron. Marc relevait
la circulation suffisamment pour pratiquer la saignée,
en dirigeant une douche de vapeur chaude sur la région
du cœur. Mais Broussais préférait combattre le mal par
des applications de sangsues, recommandant toutefois
une grande réserve sur l'emploi de ce moyen chez les
sujets épuisés par la diarrhée, et lorsque la cyanose
existait depuis un certain temps. On doit s'efforcer de

prévenir la congestion cérébrale consécutive par l'établissement de vésicatoires aux cuisses et à la nuque. « Enfin, si le pouls manque et qu'on ne puisse tirer du sang, le médecin physiologiste et non exclusif aura recours à quelques stimulants. Car les praticiens savent que les inflammations peuvent être guéries par la stimulation directe ; il est constaté que les malades excessivement stimulés peuvent éprouver des crises salutaires : hémorrhagies, sueurs copieuses, excrétions alvines, qui attestent les ressources de la nature humaine. »

En fait, la mortalité fut relativement peu considérable au Val-de-Grâce, quoique plus de la moitié des hommes provenant des postes *extrà muros* y arrivassent à peu près morts. Aujourd'hui que nous vivons dans une parfaite indifférence sur les doctrines générales, et que chacun de nous se borne à remplir de son mieux ses devoirs envers ses clients sans prétendre imposer ses opinions à personne, on ne saurait croire avec quelle passion fut soutenue et contestée la valeur du traitement institué par Broussais. On s'inscrivait en faux contre la statistique du Val-de-Grâce, quoiqu'elle fût officiellement vérifiée et certifiée exacte par l'officier d'administration et par le sous-intendant militaire; on fabriquait soi-même de fausses nécrologies; on reprochait au médecin en chef d'avoir perdu plus de malades que ses collègues qui déclaraient au surplus être en parfaite identité de doctrine et de pratique avec lui; d'ailleurs, l'ordre était donné aux chirurgiens de garde de diriger les plus grands malades sur la clinique. Au reste si l'attaque était vive, la défense ne l'était pas moins, et les ripostes de Broussais, quoique adressées à la cantonade, ont dû blesser plus d'un journaliste contemporain.

Dans le chapitre consacré aux rechutes et aux accidents consécutifs, nous trouvons l'histoire de la maladie de Casimir Périer, ainsi que la relation de son autopsie. Ce grand ministre avait échappé à la période cyanique; mais il survint des accidents cérébraux, puis de la fièvre et de la diarrhée entretenue par une entérite chronique. Aussi le malade finit-il par succomber, et l'examen du corps donna l'explication de la maladie. La mort fut attribuée par les onze médecins signataires du procès-verbal aux lésions observées dans les diverses parties du tube digestif.

Broussais rapporte ensuite deux exemples de choléra intermittent à type quotidien. Les malades, dont l'un était médecin, se trouvaient saisis par le froid en même temps que par des vomissements avec lenteur et petitesse du pouls. Au bout de quelques heures le pouls se développait, la peau redevenait chaude, la sueur se manifestait et tout aussitôt les coliques, les selles cholériques, les angoisses épigastriques et les vomissements cessaient. Dans l'un des cas, la guérison eut lieu sous la seule influence de la diète, des boissons chaudes et de la chaleur extérieure, après le quatrième accès. Dans l'autre cas, Broussais employa d'abord les sangsues et la glace, puis le sulfate de quinine avec un plein succès.

ANNALES

DE LA

MÉDECINE PHYSIOLOGIQUE

En janvier 1822, le fondateur de la nouvelle doctrine jugeant insuffisante désormais sa chaire de la rue des Grès, et ne pouvant ni conquérir par le concours alors aboli celle de la Faculté, ni rien espérer des hommes puissants, résolut de s'ériger, par la création d'un journal, une tribune du haut de laquelle il pût faire entendre sa parole à tous et partout, *urbi et orbi*. Les Annales d'ailleurs lui donnaient le moyen de se défendre immédiatement contre toute attaque, de fournir les détails et les développements que ne comportaient pas ses autres écrits, et de commenter à son point de vue les faits intéressants et les ouvrages nouveaux. En parcourant ce recueil dont l'existence dura douze ans, nous devrions peut être nous borner à l'examen des articles émanés de Broussais, et de ceux ayant trait à sa doctrine. Si pourtant nous rencontrons quelque observation curieuse, quelque souvenir historique digne d'intérêt, certaine opinion, certain procédé reproduits plus tard comme des nouveautés, on nous permettra de nous y arrêter un instant. Au reste nos citations étant nécessairement dépourvues de liens entre elles, il sera facile au lecteur de n'accorder son attention qu'à bon escient.

La diphtérie ou diphtérite, le croup et l'angine couenneuse sont-ils de véritables phlegmasies, ou bien l'exsudation qui les accompagne doit-elle appeler exclusivement ou particulièrement les efforts du médecin? « Cette fausse membrane n'est qu'un effet, l'inflammation de la muqueuse en est la cause. Cette fausse membrane serait expulsée vingt fois, qu'elle serait vingt fois reproduite, si l'inflammation persistait au même degré, » répond M. le professeur Cruveilhier, d'accord avec Broussais qui s'exprime ainsi sur ce point: « La première indication qui se présente est de tenter la délitescence de l'inflammation par les émissions sanguines, afin de prévenir la formation de la couenne redoutée. Mais cette pratique n'est que celle du commencement. Lorsqu'on n'a pu parvenir à faire avorter les phlegmasies couenneuses, il faudrait que l'on pût au moins les changer de nature par une contre-stimulation locale. »

Broussais pratiquait donc la méthode substitutive, mais il en expliquait les effets par la révulsion, témoin le passage suivant: « Si les toniques achèvent de dissiper l'inflammation affaiblie par les antiphlogistiques, c'est par une révulsion dont le succès ne saurait être assuré d'avance... Une langue blanche, large, aplatie, sans chaleur âcre à la région de l'épigastre, atteste suffisamment le besoin des toniques et l'indication de tenter la révulsion par la voie des organes digestifs. Je possède un assez bon nombre de guérisons de dyspepsies et même de vomissements rebelles, obtenues par les stomachiques lorsque la langue offrait ces caractères. »

Nous lisons ailleurs : « Longtemps on a méconnu la valeur des signes tirés de l'état de la langue; la plupart des praticiens, en demandant à la voir, y cherchaient une indication pour placer des vomitifs ou des purgatifs. On se félicitait d'avoir nettoyé la langue avec l'émétique, lorsque ce médicament avait produit un surcroît d'irritation, et changé en phlegmasie aiguë une légère phlogose des voies gastriques; on avait la bonhomie de se réjouir de voir la langue devenir d'un rouge écarlate après avoir été blanche et muqueuse. On ne se figurait point que le rétrécissement de cet organe, avec rougeur et terminaison en pointe, indiquait une gastrite avec constriction convulsive de l'estomac. La couleur brune, qui succède si souvent à l'état précédent, indique les progrès de la phlegmasie. Mais lorsque l'inflammation abandonne l'estomac pour occuper les intestins, la langue se nettoie, pâlit, s'élargit, quoique la fièvre continue à être entretenue par l'entérite. Enfin, lorsque les gastro-entérites sont très-anciennes, les sympathies de la langue sont émoussées, usées; elle paraît souvent fort belle, surtout chez les femmes, les vieillards, les sujets lymphatiques. »

La fièvre jaune ayant éclaté en juin 1821 à Barcelone, une commission de médecins français fut envoyée dans cette ville, avec mission de rechercher si la maladie était de nature à motiver l'établissement d'un cordon sanitaire sur la frontière d'Espagne. Mazet apprenant, dit-on, que la question à résoudre était beaucoup moins médicale que politique, et que la commission avait ordre, quoiqu'il en fût, d'y répondre par l'affirmative, refusa nettement son concours. Mais avant de repasser la frontière, il fut contraint d'entrer au lazaret où il périt, victime de sa délicatesse plus encore que de son dévouement à la science. Rochoux, autre membre de la commission, soutint contre l'avis de Pariset que cette épidémie n'était nullement contagieuse. A propos de la discussion qui s'éleva sur ce sujet, Broussais résuma dans les termes suivants son opinion sur les typhus :

« J'ai coutume de distinguer dans mes leçons de pathologie les foyers producteurs de l'espèce d'empoisonnement miasmatique appelé typhus, de la manière que voici : 1° foyers produits par la décomposition d'hommes ou d'animaux morts : les camps, les champs de bataille, les cimetières, les voieries ; 2° foyers produits par la décomposition simultanée des animaux et des végétaux privés de vie : les marais, certains littoraux ; 3° foyers provenant d'un rassemblement d'hommes sains ou malades dans un local proportionnellement trop resserré :

hôpitaux, vaisseaux, prisons, villes assiégées. Tels sont
les foyers d'infection dont l'existence est bien prouvée.
Mais n'est-il pas un autre mode de propagation en vertu
duquel un malade ayant puisé son typhus aux sources
précédentes et s'en étant éloigné, le transmettrait lui
seul, avec les mêmes caractères, aux personnes qui s'ap-
procheraient de lui, malgré la salubrité du lieu, et don-
nerait à ceux qu'il aurait contagiés la faculté de le donner
à d'autres? Or, tant qu'on ne prouvera pas que le typhus
militaire, la fièvre jaune et même la peste peuvent se
propager exactement de cette manière, on n'aura pas
démontré la propriété contagieuse de ces maladies. »

L'idée première de la vaccine appartiendrait-elle à la
France? On peut le croire en lisant dans les *Annales*
l'article que nous en extrayons : « Le comte Chaptal, ancien ministre, professeur honoraire de la faculté de
médecine de Montpellier, a transmis au comité central
établi près du ministre de l'intérieur les faits suivants :
M. Rabaut-Pommier, ministre protestant à Montpellier
avant la révolution, avait été frappé de ce que, dans le
midi de la France, on confondait sous le nom de picotte
la petite-vérole de l'homme, le claveau des moutons et
la picotte observée sur le trayon des vaches. A cette
époque, 1781, il y avait à Montpellier un riche négociant
de Breslau, M. Irland, qui depuis plusieurs années venait
y passer tous les hivers avec un médecin anglais, M. Pew.
M. Rabaut, qui s'était lié intimement avec eux, leur fit
observer, un jour que la conversation roulait sur l'ino-

culation, qu'il serait probablement avantageux d'inoculer à l'homme la picotte des vaches parce qu'elle était constamment sans danger. On discuta longuement sur ce sujet, et le docteur Pew ajouta qu'aussitôt qu'il serait de retour en Angleterre, il proposerait ce nouveau mode d'inoculation à son ami Jenner. Plusieurs années après, en 1799, M. Rabaut, entendant parler de la découverte de la vaccine, crut voir réaliser la proposition qu'il avait faite, et écrivit à M. Irland pour lui rappeler leur conversation à ce sujet. M. Irland lui répondit par deux lettres, dont M. Chaptal a lu l'original, qu'il se rappelait fort bien tout ce qui avait été dit à Montpellier, ainsi que la promesse qu'avait faite le docteur Pew de parler à Jenner. Tous ces détails sont également connus de M. le comte de Lasteyrie. Il en résulte que l'idée mère et première de la vaccine appartient à la France. »

Un docteur Sonderland, de Barmen, indique dans les *Annales* un procédé simple et facile pour produire un cowpox propre à régénérer la vaccine. A cet effet, il faut prendre une couverture de laine ayant recouvert un varioleux jusqu'au quatorzième jour ou jusqu'à la suppuration, dans un local peu aéré ; puis, la maintenir pendant vingt-quatre heures solidement fixée sur le dos d'une jeune vache. On la fait passer ainsi successivement sur d'autres vaches, et on l'étend ensuite dans l'étable, afin que les miasmes qui s'en échappent soient respirés par ces animaux. Au bout de quelques jours, les vaches tombent malades; le quatrième ou le cinquième, on voit

apparaître sur le pis et sur les parties de la peau non
garnies de poils des pustules vaccinales légitimes et qui
se reproduisent par inoculation. Les sujets à vacciner
doivent éviter tout rapport avec les vaches renfermées
dans l'étable, sous risque de contracter la variole. Les
couvertures ainsi préparées peuvent servir pendant deux
ans, pourvu qu'on les préserve du contact de l'air.

Si l'on ne savait combien nous sommes enclins à faire
les honneurs de guérisons souvent spontanées aux médications en vogue, on s'étonnerait du grand nombre de
faits présentés par des médecins honorables comme
attestant le succès des saignées locales dans les maladies
chirurgicales : blennorrhagies, paraphimosis irréducti-
bles, sarcocèles, cancers, tumeurs blanches et autres
cas. Pouvons-nous croire à la guérison du tétanos et de
la rage opérée par les antiphlogistiques? Les auteurs
de ces observations ne se sont-ils pas fait illusion sur la
véritable nature des maladies qu'ils avaient sous les
yeux, et sur la puissance du moyen thérapeutique en
faveur? Sans doute ils seraient aujourd'hui les premiers
à douter de tels succès.

Plus loin, nous assistons à l'exhumation de l'acupunc-
ture ressuscitée par M. le professeur J. Cloquet. Cette
pratique a ses enthousiastes, ses fanatiques même ; elle
s'applique à tout et guérit tout, mais seulement pendant trois mois, après lesquels elle rentre dans l'oubli.
Ce pourrait bien être à propos de cela que nous enten-
dîmes un jour Boyer dire avec sa bonhomie narquoise

à certain malade: « Vous voulez essayer de ce remède, vous ferez bien. Mais hâtez-vous de l'employer pendant qu'il guérit, car cela ne durera pas longtemps. »

Broussais qui passa la moitié de sa vie au milieu des armées de la République et de l'Empire, avait naturellement peu de sympathie pour les Anglais : il qualifie leurs médecins de stercoraires. « Les Anglais, s'écrie-t-il, se plaignent par l'organe de lady Morgan de leur peu de longévité; mais qu'ils changent de régime, qu'ils cessent de se gorger de thé, d'alcool, d'aliments substantiels; que leurs docteurs s'abstiennent de les purger à chaque instant; qu'au lieu de les évacuer par d'énormes phlébotomies pour concentrer l'instant d'après toute l'irritation dans le canal digestif, ils se bornent à combattre les inflammations par quelques saignées capillaires, et l'on ne verra plus pulluler dans leur pays ces engorgements, ces spleens, ces hypochondries, ces mélancolies, ces hydropisies, qui tranchent les jours des personnes les plus robustes et les plus jeunes. C'est l'entérite chronique, cette maladie méconnue et mal traitée, qui dépeuple l'Angleterre. »

Combien n'a-t-on pas discouru sur la nature essentielle de la coqueluche! Elle consiste, selon Broussais, en une bronchite avec vive sensibilité de la muqueuse enflammée. C'est à l'influence de l'espèce de démangeaison dont cette membrane est le siége que sont dus les mouvements convulsifs de la toux, ainsi que la contraction simultanée de l'estomac qui va souvent jusqu'au vomissement. C'est à tort qu'on a soutenu que le foyer de la coqueluche était dans l'estomac; jamais une gastrite n'a donné la coqueluche. Mais il peut y avoir coïncidence de l'irritation de l'estomac avec cette maladie.

Voici maintenant quelques remarques du même auteur sur l'intermittence : « Le phénomène de l'intermittence se présente bien souvent comme résultant d'états pathologiques permanents. Telles sont les fièvres d'accès qui reconnaissent pour causes la présence d'une sonde dans l'urètre, un ulcère extérieur, une éruption cutanée. Combien d'asthmes périodiques dus à l'hypertrophie du cœur ! Combien de névralgies dépendant d'une phlegmasie dentaire ou de celle des nerfs mêmes où la douleur ne se manifeste que par intervalles ! En ce qui concerne l'encéphale, combien d'épilepsies ne sont-elles pas entretenues par une phlegmasie chronique du cerveau ! Nous ne connaissons pas la cause première de l'intermittence des douleurs, des convulsions, de la fièvre; mais nous savons par l'observation que la nature vivante soutient difficilement une réaction violente au même degré; elle tend au repos ou du moins au relâche, malgré la continuité du stimulus qui la sollicite. Elle se réveille ensuite comme par un nouvel effort, et c'est ce qui nous fournit les phénomènes de l'intermittence et de la rémittence. On peut dire en général qu'il y a plus de maladies rémittentes que de continues : les personnes dévorées par un cancer du sein ou de l'estomac éprouvent fréquemment de longues intermissions dans leurs douleurs, dans leurs spasmes, et cela même au point qu'elles se croient à la veille de guérir, bien que l'irritation qui attaque leurs organes n'ait pas un instant cessé de travailler à leur destruction. »

Les défenseurs systématiques des vieilles doctrines, faisant appel à tous leurs moyens contre la réforme en médecine, ne devaient pas négliger le secours de la statistique, cette science ductile et malléable qui consiste à grouper les chiffres suivant le besoin. Mais dans un excès de zèle ils eurent la perfidie de comparer, sans en rien dire, la nécrologie d'une salle de chirurgie où il n'entrerait presque pas de maladies graves, avec celle des salles de médecine du Val-de-Grâce. À cette occasion, le médecin en chef reçut de Desgenettes, son prédécesseur, la lettre suivante :

Paris, le 22 mai 1824.

« Monsieur et cher confrère,

« Avez-vous lu un article de la *Revue médicale* où vous êtes fort mal traité et dont j'ai lieu de me plaindre, ainsi que de quelques autres gentillesses de M. A. du P. et compagnie? Je désirerais qu'il leur fût dit et expliqué que, d'après un usage établi par moi depuis quinze ou vingt ans, le médecin en chef reçoit constamment les plus gros malades, et qu'il n'y a aucunes conclusions défavorables et même possibles à tirer de son relevé nécrologique comparatif. Il y a d'ailleurs des sections comme les galeux, les convalescents, les hommes en subsistance, qui fournissent peu ou point de mortalité.

« Question préalable : Qui a garanti l'exactitude du relevé ?

« Faites-moi dire si vous croyez qu'il faille relever cette impertinente méchanceté.

» Tout à vous,

Baron Desgenettes

Nous remarquons : deux observations d'ascite guérie après la paracentèse par des injections de vapeurs vineuses; l'autopsie d'un sapeur-pompier mort au Val-de-Grâce quatre jours après la première apparition d'une éruption variolique confluente, qui fit voir dans la seconde moitié de l'intestin grêle des pustules coniques s'élevant sur un fond rougeâtre, remplies d'un liquide transparent. Rien dans le gros intestin. Mais la muqueuse bronchique était rouge et parsemée de boutons déprimés au sommet, assez saillants à la division des bronches. Etaient-ce là des pustules varioliques ?

Quelques autres ouvertures de varioleux décédés au même hôpital ayant démontré l'existence de la phlegmasie de la membrane interne des artères, Broussais émit l'opinion que les dermites éruptives sont souvent accompagnées de l'inflammation du système vasculaire, et que les miasmes producteurs de ces maladies portent leur action jusque sur la surface interne des vaisseaux. Ce serait là une des causes des affections du cœur et des gros troncs. Il croit même avoir vu la phlegmasie de la membrane vasculaire coïncider avec l'érysipèle, comme elle coïncide avec la variole, la rougeole et la scarlatine. Enfin, il se demande jusqu'à quel point la peste et la fièvre jaune, qui s'accompagnent souvent de vibices, offrent ces traces d'artério-phlébites.

Parmi les faits dignes de quelque intérêt, nous noterons encore : deux cas d'embolies artérielles, ayant l'une et l'autre déterminé le sphacèle de l'un des membres inférieurs chez un adulte et chez un enfant ; une perforation de l'œsophage occasionnée par le muguet ; la présence de six cent dix-huit calculs dans la vessie d'un vieillard ; trois observations recueillies par le futur millionnaire Véron, relatives à des fœtus atteints, dans le sein maternel, de phlegmasies : une pleurésie caractérisée par un épanchement de pus dans le thorax et des fausses membranes sur la plèvre ; une péritonite bien prononcée, et un abcès dans le thymus enflammé. Des faits analogues sont rapportés par Chaussier, Marc, Husson, Désormeaux, Andral ; ce sont : des fractures et luxations, la variole, des phlegmasies intestinales, des tubercules ramollis et suppurés dans le foie et dans le poumon, enfin une inflammation, avec suppuration, de l'une des capsules rénales.

En juillet 1825, un médecin étranger, nommé Jean Lizars, insérait dans les Annales plusieurs cas heureux d'ovariotomie. En 1829, Casimir Broussais pratiquait avec succès la trachéotomie sur un enfant suffoqué par une angine œdémateuse.

10

Pendant son séjour en Italie, Broussais avait eu l'occasion de donner des soins au général Foy qu'il retrouva plus tard en Espagne, et dont l'amitié ne fut pas stérile pour lui. La paix avait transformé le grand capitaine en orateur politique de premier ordre; mais les luttes parlementaires, les émotions de la tribune, exercèrent bientôt une fâcheuse influence sur une santé déjà sensiblement altérée. Aussi, malgré l'affectueuse assistance de son médecin, l'illustre général succomba-t-il le 28 novembre 1825, entouré de l'estime et de l'admiration de tous les partis. A l'autopsie du corps, on reconnut l'existence d'une hypertrophie du cœur avec dilatation notable et ulcérations dans la crosse de l'aorte; d'une gastro-duodénite, d'un état gras du foie et de la désorganisation du rein gauche.. Le crâne ne fut point ouvert.

Le treizième volume des Annales contient une intéressante notice sur le savant et vénérable Chaussier, le restaurateur de la physiologie en France, grand praticien, vrai philosophe, mort à l'âge de quatre-vingt deux ans. en pleine possession de son intelligence, quoique ayant subi quelques années auparavant une attaque de paralysie qui le priva pendant quelque temps de l'usage des membres du côté droit. L'autopsie démontra diverses lésions de l'encéphale et du cœur ainsi que des gros vaisseaux. C'est le 13 juin que se termina la longue et glorieuse carrière de Chaussier.

Deux mois plus tard, le 22 août, la science éprouvait

une nouvelle perte en la personne de Gall qui n'avait encore que soixante-dix ans, mais qui presque sexagénaire et malgré quelques symptômes d'hypertrophie du cœur, avait épousé une jeune femme dont il était fort aimé. Le cerveau, très-volumineux, ne fut examiné qu'extérieurement, mais tout indiquait un ramollissement de cet organe. Le cœur, plus vaste qu'à l'ordinaire, était hypertrophié, surtout à gauche; les valvules contenaient quelques points osseux, ainsi que l'aorte qui présentait, en outre, de la rougeur et de la dilatation. Il existait des traces non équivoques d'inflammation dans une grande étendue de la muqueuse digestive. Chacun sait les progrès que Gall réalisa dans la connaissance de l'anatomie et de la physiologie du cerveau; dans le monde il se rendit surtout célèbre par son système de phrénologie.

Nous terminerons cette série de notices nécrologiques sur des personnages historiques de l'époque, par un extrait du procès-verbal de l'autopsie du roi Louis XVIII; celle-ci n'est pas la moins curieuse: Os du crâne très-épais à la partie antérieure, très-minces postérieurement; cerveau très-volumineux, plus développé cependant à gauche qu'à droite. Deux petites plaques rouges à la surface interne de l'estomac, organe d'un très-grand volume. Les deux jambes, depuis les genoux jusqu'à l'extrémité des pieds, présentaient une substance lardacée, jaune, dans laquelle les tissus cellulaire, musculaire et même osseux étaient confondus; l'instrument pénétrait avec facilité dans les os mêmes. Le pied droit et le bas de la

jambe jusqu'à la hauteur du mollet étaient sphacélés,
les os étaient ramollis ; quatre orteils s'étaient détachés
successivement par les progrès de la maladie.

M. le docteur Louis rapporte qu'ayant pratiqué l'ouverture de soixante-quatre personnes enlevées par la
fièvre typhoïde, il a trouvé chez toutes des lésions de
tissu dans l'intestin grêle et notamment dans le voisi-
nage du cœcum. Sur treize sujets seulement l'estomac
était sain. Ces résultats sont parfaitement confirmatifs
de ceux annoncés par Broussais. Mais là où ces deux
médecins ne se trouvent plus d'accord, c'est lorsqu'il
s'agit de tirer les conséquences de leurs observations.
Comment qualifier la maladie caractérisée par ces lésions anatomiques ? Est-ce une gastro-entérite sur-
aiguë, ou la rangera-t-on d'après Pinel parmi les fièvres
essentielles ? La conclusion de M. le docteur Louis est
que ces lésions de l'intestin ne constituent point une
entérite, mais bien une affection typhoïde. Et cependant
lorsqu'on trouve ainsi l'iléon criblé de follicules muqueux gonflés, rouges, ramollis, laissant à leur place
des ulcérations, parfois même des perforations ; quan d
on rapproche de ces altérations de tissu les symptômes
observés pendant la vie : fièvre, rougeur et sécheress e
de la langue, diarrhée, délire sympathique, n'est-il pas
logique de voir dans cet ensemble une inflammation
bien caractérisée ?

Au reste, dès que les travaux de Bretonneau eurent
démontré la nature spécifique de ce mode particulier

de phlegmasie intestinale, Broussais lui donna le nom d'entérite folliculeuse ou miasmatique. Ce qui contribua sans doute à lui faire jusque-là considérer la lésion des plaques de Peyer et des glandules de Brunner comme étant simplement la plus haute expression de l'inflammation de l'intestin grêle, c'est le très-grand nombre de ces maladies qui se rencontraient dans ses salles, chez de jeunes soldats que le changement d'habitudes et de lieux, le dur apprentissage du métier, les fatigues de la guerre et celles de la garnison de Paris, et par dessus tout la nostalgie, prédisposaient puissamment à payer le tribut à la fièvre typhoïde. Quant à la question de la contagion, voici comment nous la trouvons résolue dans les Annales :

« Nous osons affirmer que la contagion d'une gastro-entérite aiguë, miasmatique ou non, pourvu qu'elle soit intense, est possible d'homme à homme, lorsque les circonstances qui entourent le malade, et la prédisposition de l'homme sain qui s'en approche sont favorables à l'intoxication. L'inflammation du cloaque de l'économie et l'effervescence fébrile suffisent bien pour créer le poison ; à chaque instant, peuvent naître des foyers vivants d'infection résultant d'un seul fiévreux trop resserré. Rassemblez-en plusieurs dans ces mêmes conditions, et ces foyers croîtront en virulence, dangereux pour ceux qui les abordent, mais qui ne sont point de nature à fournir un poison susceptible de se transporter. Les cas de contagion d'un malade sorti de ces foyers à un homme sain qui n'y était pas accoutumé, quoique assez rares, exceptionnels, se sont vérifiés plusieurs fois sous nos yeux. »

Un mémoire en faveur de l'emploi du charbon animal dans les affections scrofuleuses nous rappelle que ce médicament nous a jadis rendu quelques services. Méritait-il l'oubli, le délaissement total dans lequel il est tombé? Peut-être y reviendra-t-on un jour, ainsi qu'il arrive au protoxyde d'azote aujourd'hui considéré comme un puissant anesthésique, autrefois vanté comme sudorifique et diurétique, administré par les voies respiratoires, en inhalations.

Broussais ayant observé que le bas-fond de l'estomac se ramollit avant les autres régions de ce viscère, attribue cette circonstance aux boissons aqueuses dont s'abreuvent les fébricitants. Tant que l'inflammation n'a pas par son excès ou sa durée éteint la vitalité du bas-fond, la membrane qui le tapisse ne souffre pas du contact de ces liquides; au contraire elle s'en trouve bien, et dans les terminaisons heureuses c'est elle qui guérit la première. Mais toutes les fois que la phlegmasie gastrique est indomptable, cette région perd sa vitalité la première et se ramollit, pendant que les globules sanguins dont elle était imprégnée sont détachés, dissous par les tisanes. Ainsi, ce même bain aqueux qui hâte la guérison dans les cas favorables, accélère la destruction de la muqueuse lorsque le travail inflammatoire l'a dépouillée déjà de sa vitalité.

Aux critiques dont il était sans cesse l'objectif, Broussais ne se lassait pas de répondre. Nous croyons devoir soumettre au lecteur quelques-uns de ces articles justificatifs. « Certaines personnes ont accusé les médecins physiologistes de perdre de vue les altérations du sang ou des humeurs, ce qui ferait d'eux des solidistes purs. C'est une erreur qu'il importe de rectifier. Qui donc ignore que les matériaux de la nutrition font varier les proportions des principes immédiats dont se composent les liquides aussi bien que les solides? Ne savons-nous pas, comme tous les médecins, que les chairs et le sang des hommes qui se nourrissent de végétaux aqueux ou gâtés diffèrent de ceux des personnes qui font usage d'aliments de bonne qualité et qui boivent de bon vin? N'admettons-nous pas que les poisons, les virus absorbés, peuvent circuler dans les fluides, et devenir causes de maladies plus ou moins graves? Ne répétons-nous pas à chaque instant que la composition, les proportions des matériaux des fluides et des solides, s'altèrent nécessairement dans toutes les maladies, pour peu qu'elles soient intenses et prolongées? Ne voyons-nous pas e pus, les sanies de la gangrène et du cancer être résorbés, et porter l'infection dans le corps entier?

« Certes nous n'avons jamais eu la tentation d'expliquer toutes les maladies qui proviennent de ces causes par la modification primitive de l'irritabilité, non plus que de la force ou de la faiblesse; nous admettons même des causes morbifiques situées hors de la portée de nos moyens de connaître. Mais cela n'empêche pas que nous ne prenions l'irritation pour notre guide dans le diagnostic et dans le traitement des désordres fonctionnels. Peut-on nous montrer une seule maladie dont le siége et même l'existence parviennent aux sens et à l'intelligence du médecin, autrement que par l'augmentation, la diminution ou l'irrégularité du mouvement et du sentiment? Qu'on veuille bien nous dire si le praticien peut juger de l'effet bon ou mauvais de ses moyens curatifs, autrement que par leur action sur ces trois phénomènes.

« Il est une providence intérieure dans l'organisme à laquelle le médecin doit s'en rapporter pour les compositions, les décompositions, les dépurations des liquides et des solides. Cette providence n'est autre chose que les lois vitales dont le secret nous échappe. A nous de détruire les congestions de sang qui se forment dans les foyers de la vie : les lois vitales les résolvent difficilement et la mort peut en résulter. Il faut pour cela soustraire du sang, le rappeler vers l'extérieur, mettre en action les sécréteurs, exalter la vie dans un organe moins important que celui qui souffre la congestion. Nous pouvons, dans d'autres cas, offrir à l'économie les matériaux qui lui manquent, la stimuler pour qu'elle en fasse bon usage, lui donner les neutralisateurs d'un poison, solliciter la sortie des corps étrangers qui l'oppriment. Mais nous ne devons jamais faire tout cela qu'en observant attentivement de quelle manière le mouvement et le sentiment seront modifiés par nos moyens curatifs. »

Les annales de la médecine physiologique parurent pour la dernière fois en décembre 1833. Une chaire de pathologie et de thérapeutique générales avait été créée à la Faculté tout exprès pour Broussais. Cette position qui consacrait enfin sa doctrine suffisait désormais à son enseignement; [il comprit qu'il avait accompli sa mission et que l'heure du repos avait sonné pour lui. Le dernier article qu'il donna dans son journal se compose du discours qu'il avait prononcé le 6 novembre à l'ouverture de son cours, et dans lequel se trouve résumée sa profession de foi sur la manière dont la médecine doit être considérée et appliquée. Ce discours se terminait ainsi :

« Etudier la vie aujourd'hui ce n'est point être ce qu'on appelait jadis dans les écoles vitaliste ni solidiste exclusif; ce n'est point exclure l'anatomie pathologique, la statistique, l'observation des changements que les maladies font éprouver au sang et aux humeurs qui en émanent; ce n'est point non plus négliger l'action quelquefois aussi chimique que vitale de certains modificateurs, ni l'action des agents physiques. Gardez-vous aussi de croire que l'étude de la vie doive nous priver des ressources que peut offrir l'empirisme; il s'agit de l'éclairer, de l'utiliser, et nullement de le repousser sans examen. Au surplus toutes les méthodes sont désormais plus ou moins modifiées; on ne peut plus de nos jours embrasser un système exclusif, ni jurer uniquement par les dogmes d'une religion inspirée qui n'admet aucune tolérance scientifique. Il ne s'agit ni de systèmes inamovibles ni d'éclectisme obligé; l'éclectisme ne peut plus s'appliquer comme autrefois à des systèmes dictateurs suprêmes de toutes les pensées, de toutes les explications, de toutes les formules d'un sectaire. L'éclectisme ne doit plus être appliqué qu'aux faits; la question est de savoir si tel fait général ou particulier dont on s'est servi pour élever des systèmes, a été bien observé, s'il se répète constamment avec les mêmes caractères, et si les inductions qu'on en a tirées pourraient encore s'en déduire.

« Quant à moi, sans négliger les précieuses données que nous fournit l'anatomie pathologique par laquelle je suis entré dans la carrière, que j'ai toujours cultivée et que je cultiverai toute ma vie, j'ai été conduit par la pratique à tenir un grand compte des influences des agents extérieurs sur l'homme vivant, et des influences des organes les uns sur les autres pendant le cours des maladies. L'expérience m'a montré que cette étude formait les bons praticiens. Tous les médecins qui ne sont pas purement spéculatifs désirent avec ardeur qu'on arrive à autre chose que le diagnostic souvent stérile des altérations de nos organes; ils voudraient surtout les prévenir, puisqu'il n'est pas toujours possible de les guérir. Moi, je crois que les troubles fonctionnels nous avertissent assez tôt, dans la majeure partie des cas, de l'imminence de ces désorganisations, pour que nous ayons le bonheur d'en préserver nos semblables, alors même que la cause éloignée qui tend à les provoquer nous échappe. En un mot. je le répète, nous sommes malades avant que la structure de nos organes soit compromise, et la pathologie se forme d'une foule de données que le trouble des fonctions peut nous fournir, et qui doivent figurer à côté des troubles qui résultent des altérations organiques. Et comme c'est par l'étude constante des phénomènes vitaux faite non-seulement dans l'état normal, mais encore dans toutes les positions où l'homme vivant peut se trouver, que l'on obtient les notions fondamentales qui constituent la pathologie, je l'appelle physiologique, c'est-à-dire fondée sur une observation de la vie beaucoup plus large que celle que l'on peut faire en se bornant à l'étude isolée de l'état pathologique, sans se permettre aucun rapprochement avec les phénomènes physiologiques. Cette méthode me paraît naturelle et je la crois désormais forcée à l'époque où nous sommes parvenus; car je remarque que toutes les sectes médicales actuellement existantes parmi nous lui empruntent journellement des secours. »

Telle est l'analyse impartiale et fidèle des travaux de Broussais, de ce grand médecin que nous n'hésitons pas à compter au nombre des gloires nationales. Au reste, notre sentiment à cet égard est partagé par les hommes les plus éminents de l'époque actuelle, ainsi que le démontrent les opinions qu'on va lire, et que nous sommes heureux de pouvoir donner pour conclusion à notre étude sur le fondateur de la médecine physiologique.

Voici comment s'exprimait, il y a peu de temps, M. Fréd. Dubois, le très-érudit secrétaire perpétuel de l'Académie de Médecine, après avoir constaté l'insuffisance de la thérapeutique et le besoin d'une réforme de la science médicale, réduite au temps de Pinel à de simples observations, à des descriptions stériles :

« Broussais vint qui fascina les esprits par l'art avec lequel il systématisa la médecine. Non content de recueillir et de classer les faits, il les coordonne d'après des déductions telles, que les faits s'expliquent mutuellement et systématiquement; ces faits découlent alors de quelques principes généraux explicatifs des faits secondaires... Il soutint que la médecine, telle qu'il l'avait trouvée, n'était pas encore élevée au rang de science; il pensait être celui à qui était réservé l'honneur de l'élever à ce rang. On a pu croire que l'essai de systématisation proposé par Broussais avait en effet imprimé à la médecine une tout autre marche, et qu'elle allait offrir de nouvelles bases à l'art de guérir... Ce système expliquait tous les faits particuliers par une hypothèse à laquelle il avait donné le nom de principe d'irritation. »

M. le professeur Béhier, appréciant la doctrine de l'organicisme soutenue avec un grand éclat par Rostan, dont il avait à faire l'éloge, ne pouvait passer sous silence les travaux de Broussais, le véritable fondateur de cette doctrine « qui fait dériver la physiologie comme la médecine, des organes, de leur jeu et de leur état normal ou anormal, en opposition avec l'hypothèse des forces et des propriétés vitales, lesquelles ne sauraient exister indépendamment de la matière organisée. Médicalement, pathologiquement, il n'existe dans l'homme que des organes et des fonctions. Les fonctions ne sont que les organes en exercice, elles ne sont que des effets. Organes sains, fonctions saines ; organes malades, fonctions malades ; voilà pour Rostan la base de la médecine. » Nous nous permettons d'ajouter : base incontestablement empruntée à Broussais, professant que les symptômes ne sont que les cris de douleur des organes souffrants. Aussi M. Béhier se trouve-t-il amené à donner une analyse rapide et concise de la doctrine physiologique ; il conclut ainsi :

« Dans la critique, on n'a pas toujours été assez juste. Pour nous, qui ne sommes plus emportés par la chaleur de la lutte, il nous faut reconnaître que nous devons beaucoup à Broussais. Il a d'abord rendu le grand service d'animer vivement la science ; il a provoqué des débats ardents et féconds, et partant il a vivifié la médecine. Il a laissé parmi nous des vérités devenues vulgaires, qui semblent aujourd'hui remonter à toute éternité, et dont on ne lui porte pas assez le gré ou la reconnaissance. Mais c'est là ce qui arrive aux hommes dignes de ce nom : les vérités qu'ils mettent en lumière sont tellement claires, qu'elles répondent à l'intelligence de tous, et elles pénètrent si bien, que chacun croit les avoir toujours eues présentes à l'esprit. S'il revenait de nos jours, Broussais éprouverait une grande satisfaction quand il verrait les travaux les plus récents, appuyés sur les recherches cliniques et histologiques les plus rigoureuses, établir que positivement le mouvement phlegmasique joue bien un rôle considérable dans la production des lésions organiques, des tubercules, par exemple. Mais... » N'y a-t-il pas toujours des mais à toutes choses !

Enfin, le doyen, nous pouvons dire le plus illustre de nos professeurs, M. le docteur Bouillaud, s'exprimait ainsi récemment au sein de l'Académie : « Avant Broussais divers auteurs, particulièrement Arvenbrugger et Corvisart, avaient indiqué l'origine inflammatoire de la matière tuberculeuse ; mais c'est Broussais qui doit être considéré comme le véritable fondateur de la doctrine, par l'ardeur, le talent et la conviction profonde qu'il mit à la propager et à la défendre. C'est ce que l'on peut voir surtout dans son célèbre *Traité des phlegmasies chroniques*, ouvrage qui n'a pas encore été suffisamment jugé. »

M. Bouillaud confesse que pour sa part il a toujours accepté les doctrines de l'école qui place dans l'inflammation la cause du tubercule, et qui le localise, d'après Broussais, dans le système lymphatique. Il y persiste encore avec la conviction ferme et profonde des premiers jours. Puis il ajoute : « Laënnec, le grand adver-

saire de Broussais et de son école, considérait comme
une erreur impardonnable de prétendre que l'inflammation est la cause des tubercules. S'il pouvait revenir en
ce monde, il serait bien étonné d'entendre dans l'en-
ceinte de l'Académie des hommes de haute valeur, re-
produisant les doctrines des Allemands, attribuer à
l'irritation des poumons l'origine de la tuberculose.
C'est la doctrine de Broussais qui nous revient de l'Allemagne, sans que les Allemands daignent indiquer la
source française où ils l'ont puisée; ils prétendent vain-
cre l'école de Laënnec avec les armes de Broussais qu'ils
se sont appropriées, et dont ils se servent comme si
elles leur appartenaient. Si on laisse faire les Allemands,
ils diront bientôt que ce sont eux qui ont gagné la bataille d'Iéna. »

FIN

TABLE ANALYTIQUE

DES MATIÈRES

TABLE   163

TABLE   165

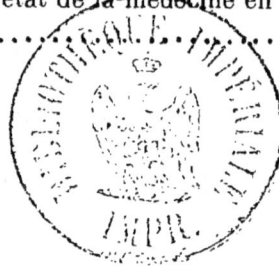

FIN DE LA TABLE

ERRATA

A la page 44, au lieu de Wirchow, Lire : Virchow.

— 76, au lieu de Scumadore, Lire : Scudamore.

— 90 au lieu de sous le silence, lire : sous silence.

www.ingramcontent.com/pod-product-compliance
Lightning Source LLC
Chambersburg PA
CBHW072040090426
42733CB00032B/2032